U0554272

余斌 著

忘却斜阳上土堆

周作人传

人民文学出版社

图书在版编目(CIP)数据

忘却斜阳上土堆：周作人传/余斌著. —北京：人民文学出版社，2016
ISBN 978-7-02-012099-4

Ⅰ.①忘… Ⅱ.①余… Ⅲ.①周作人（1885—1967）—传记 Ⅳ.①K825.6

中国版本图书馆CIP数据核字（2016）第246019号

责任编辑　胡文骏
装帧设计　李思安
责任印制　苏文强

出版发行　人民文学出版社
社　　址　北京市朝内大街166号
邮政编码　100705
网　　址　http://www.rw-cn.com

印　　刷　三河市鑫金马印装有限公司
经　　销　全国新华书店等

字　　数　182千字
开　　本　680毫米×960毫米　1/16
印　　张　17.75　插页15
印　　数　1—8000
版　　次　2017年4月北京第1版
印　　次　2017年4月第1次印刷

书　　号　978-7-02-012099-4
定　　价　47.00元

如有印装质量问题，请与本社图书销售中心调换。电话：010-65233595

◇ 一九三〇年代的周作人

忘却斜阳上土堆
周作人传

绝世天真爱丽思梦中境界太离奇
红楼尘有聪明女不见中原恺乐兩
爱丽思漫游奇境记英国恺乐兩
而著赵元任有北京语译本
山田先生雅教 作人

◇ 周作人诗笺

目录

题 记
1

一 老人转世
1

二 家 变
13

三 读书滋味
23

四 走异乡，逃异地
35

五 洋学堂
43

六 求学日本
57

七 归 来
73

八 告别绍兴
83

九 教书北大
93

十 成 名
103

十一 青春期
115

十二 迷 惘
129

十三 "自己的园地"
143

十四 兄弟失和
151

十五
斗　士
169

十六
"两个鬼"
183

十七
小品文家
201

十八
失　节
221

十九
"寿则多辱"
239

附　录
读周札记
255

后　记
275

题 记

这本小册子是多年前写的,有关的话,大多已在原后记中说了。还有些"内幕",现在说出来似亦无妨。

大概是 1998 年,江苏文艺出版社上马一套"中外名人传记丛书",对象明确,就是中学生。"一般读者"只是兼顾,因为照策划者的设想,大体上是不进入市场。据说其时教育部正在狠抓中小学建设,其中就包括图书馆,须得藏书多少多少,才算合格。图书馆大楼好盖,藏书却是积累的过程,一时间哪来那么多合适中学生的书,此外买书钱从来都是有限的,如何以有限的经费让书籍的册数迅速膨胀,在上级的考核中达标?出版社的策划就是冲着这"市场"去的,于此见微知著,倒也可知中国式"市场"的概念,确有别解。对出版社,这是商机,对学校,这是图书升级的方便之门,必要条件是教育部门的肯于买账,比如发文令下属学校图书购置时优先考虑这套书,就像诸多报刊的销路可以靠饬令单位订阅来维持。当然,大约没有这样的红头文件,不过后来印出的书上出现了庞大的编委会,"顾问""主任"皆由相关的头头担纲,也算是"过了明路的"了。

凡此种种,与作者原无关系,就像这套书与编委会大多数有头有脸的人物与丛书的编辑工作毫不相干一样。与作者相关的恐怕只有一条，即每书限定十万字，——如此才可保证售价的低廉，学校的藏书量也才可以于一样的费用之内一举有大的飞跃，反正是黄仁宇所说的那种"数目字管理"，不论皇皇巨著抑或笺笺小册，以册计数，都是一样的。

我不明白的是，这样一套书中，周作人怎么会入选。周固然是名人，在我们的正统教育中，此"名"却大体上是臭名昭著之"名"：大多数人或者对他的学问文章、二三十年代在人们心目中要可与鲁迅相埒的地位或不甚了然，他额上的"汉奸"戳记却差不多尽人皆知。中小学的教育，首在励志，知晓名人，意亦在此，出版社除了文字浅显、通俗易懂之外，好像也对作者提了这方面的要求。但是其他人犹可，周作人则如何去"励志"？既然中小学教育中的"励志"一向被赋予最狭义的理解？

我后来猜测，是不是周作人的文章进入了中学课本，故有这样的安排，问了问，似乎也不是，虽说知堂文章比充斥现今语文课本的那些滥情造作的课文，不知要好多少倍。

当然选题早已定下，无须作者多虑。在我个人，揽下这件应属"来料加工"的活计，乃因于对周作人的兴趣：借此机会重读知堂，看看相关的资料，倒是快事一桩。但事情显然不是这么简单，读书，尤其是读知堂，固然惬意，一旦写起来，便觉处处为难。首先是找不到叙述的口吻与节奏，虽然并不格外在意面向中学生的"既定方针"，却也做不到全然不管不顾。问题是，中学生是怎样的，我并不知道。孙敬修爷爷给小朋友讲故事？似乎太小儿科了，何况怎么讲周作人的故事？依着面对小朋友的调子，周作人只能是个罪大恶极的汉奸。以我曾为中学生的经验，应将这个人群看作较少阅历而求知欲更强的成年人，事实上在我们的环境中，成年人的是非观比中学生也复杂不到哪儿去，尤其在面对历史的时候。

忘却斜阳上土堆
　　——周作人传

浅白的文字适合于表达早有定论,"成竹在胸"的内容,而只是照本宣科式地娓娓道来,又心有不甘。并非我一向写文章有艰深的倾向——就几滴墨水,想要艰深恐怕也只能是做艰深状——,相反,自以为是通俗易懂的,但此番似乎更应有另一副针对青少年的笔墨。结果是开头几易其稿,弄出了一种略带俯就,多少类乎"从前有座山,山上有个庙"的调子,而后面虽然文字上刻意明白畅晓,却也不能一以贯之。

当然也就并未如我所愿,在书中夹带更多的"私货",即我对周作人的个人理解。一方面固然如上面所说,体例、对象、篇幅均不许,更重要的是我虽不甘俯仰随人,真正要做到对周作人深入的体认与把握,以我的知识储备与思考的力度,事实上却有所不能。读知堂越多,越觉其人不可测。此前写过《张爱玲传》,对如何追踪传主心路,不能说全无经验,然而张爱玲固不简单,周作人却复杂得多,更复杂的思想,更曲折的人生轨迹,对中西传统更纷杂的取用,与时代之间更紧密也更周折的关系……总之张可以当作文学家较封闭地处理她深而狭的世界,周作人则有远出于文学家的多个侧面,甚至首先不是文学家,他的世界进去即不易出来,反倒容易迷失其中。写张爱玲虽不容易,至少自以为较有把握,写周作人则并落笔时颇为必要的"自以为是"也不易确立。有一点是越写到后来越明白的:即使没有篇幅等等的诸多限制,任我"自说自话",我也写不出一部合格的周作人传来,这当然关乎材料,——非不为也,是不能也。不过倘是面向对周作人已有所知的读者,我可以有更多的讨论,至少可以将我的困惑呈现出来,以为讨论的进阶。"中学生"的预设则要求作者扮演一个全知叙述者的角色,心存疑惑也要笃定权威,仿佛成竹在胸,就像教师爷面对学生提出的问题不能无解,强词夺理也要给出明确的答案,态度坚定,不容暧昧。不能说,"我也不懂"。

所以这部小书是不许("通俗易懂"的体例限制),不甘(不愿只是敷衍事迹,重复"公论"），不能（做不到对传主的透彻理解）的"三不"产物。之所以还拿出来重印，一是因于那一点"不甘"，虽非出诸我喜欢的形式，七折八扣的，多少还是留下了一点自己的思考，就算半生不熟，也是一种理解。二是有些朋友读过之后以为还算可读，对周作人可知其大概。他们大多是周作人的读者，并非专家，其判断让我相信，以十来万字的篇幅，对周作人生平做尚不算公式化的交待，这书也许对传主不无普及之功。

当然，相信朋友所言并非敷衍，没准只是"敝帚自珍"的自恋的某种反射。这可能也要算做"人性的弱点"吧？我对人性并无过高的要求，对过度的自恋虽极反感，敝帚自珍，则还能接受。因此对自家这毛病，也倾向于宽容，所谓"睁一只眼，闭一只眼"。

是为记。

2009 年 11 月 2 日于南京黄瓜园

一

老人转世

绍兴城东有一条东西向的街，叫东昌坊，东昌坊口有一周姓大户人家，当地人称作"新台门"。所谓"台门"，即是大的宅子，通常是为官者或巨商富贾建的府第，大宅里的人家便是"台门人家"。新台门是相对于老台门而言：周家聚族而居，原只有一个台门，即是说，只有一处宅院，后因后代繁衍，人丁兴旺，到清末，原先的房舍已不敷用，于是择地又先后盖起两座新宅院。三个台门都在覆盆桥左近，统称为覆盆桥周家，相对于"老台门"，东昌坊口的这最新盖起的一处便唤作"新台门"。

新台门周家的确不同于寻常百姓家，单看那共有三进的大宅院，众多的房舍，族中人晚上出门多有仆人打着灯笼前面走，也就可以知道。那黄壳灯笼上"汝南周"三个黑字更在提示周家不一般的来历：汝南伯乃是宋代理学大师周敦颐的封号。据说这位写过《通书》《太极图说》，更以《爱莲说》为人所知的大儒便是周家的始祖。另一种说法是，"汝南"指的是周家的祖籍，即河南汝南县，照这一说法，周家的祖先乃是河南汝南人，其时南宋皇帝宋高宗被金人打得仓皇南逃，先逃到越州（绍兴），后至明州（宁波），最后在杭州建立了偏安小朝廷。周家便是那时为躲避金兵，来到绍兴落户的。

不过这些说法在周家的家谱上是看不到的。照家谱的记载，周家的始祖周逸斋于明朝正德年间（1506—1521）定居会稽竹园桥。此前种种，皆不可考。即使如此，到清朝末年，周家也已有数百年历史，称得上源远流长。这数百年间，周家曾有过极盛的时候，据说明朝万历年间，"家已小康"，累世耕读，到清乾隆时，"分老七房，子七房，合有田万余亩，当铺十余所，称大族焉"。谁想后来族中出了些不肖子孙，奢侈挥霍，将偌大家产尽皆散去，到清末，台门周家的日子已过得很拮据，勉强维持个小康局面。只是"倒驴不倒架"，外人眼中，"台门""汝南周"之类，仍然提示着这是大户人家。

与大宅院、"汝南周"相比，更令乡人对周家肃然起敬，也与寻常小康之家更显区别的，是周氏家族三个台门的仪门上都高悬着的翰林匾。那匾额蓝底上大书"翰林"两个金字，旁边则是一行泥金小楷："巡抚浙江等处地方提督军务节制各镇兼管两浙盐政杨昌浚为钦点翰林院庶吉士周福清立"。不用说，周家是出了举人的。一人中举，阖族光荣，至于那匾上留名，点了翰林的周福清，则是东昌坊口"新台门"的当家人。

周福清少时家贫，请不起塾师，只好到族中较富裕，请得起塾师的人家旁听经义时文。如此做"旁听生"，受到族中人的冷落讥嘲可以想见。周福清因此暗自与那些"正牌"学生较劲，发奋攻书，定要博取功名，让他这一房扬眉吐气。也许他真是个"读书种子"，也许因为他肯用功，结果这个旁听生念书比别人更像模样。也算是"皇天不负有心人"吧，他虽在乡试通过后经历了一次会试的失败，可三年过后他再次应试，终于在三十岁上中了进士并点了翰林。

像旧时中国的大多数读书人一样，周福清的最大心愿莫过于光宗耀祖。也许正是因为点了翰林，周家人才感到有了向人提起那位想象中的荣耀祖先的资格，在明晃晃的灯笼上标上"汝南周"的醒目字样。可以肯定的是，周家人一定从这里看到了家道复兴的希望。

学而优则仕，读书的终点乃是为官的起点，不想周福清的仕途却很是不顺。清代的翰林院乃是人才仓库的性质，翰林官在这里实是处在等待朝廷任命的状态。翰林虽是名头好听，却并无实际的好处，"穷翰林"一直是个笑柄。要到从"仓库"里出来，授了实缺，那才真正算是修成了"正果"。周福清在京城里"待命"多时，最后总算外放江西省金溪县知县。可即便这七品芝麻官的位子，他也没能坐安稳，没过几年就因事犯在对他不满的顶头上司手上，被奏了一本，革职还乡。从此以后，他再没有做过官。更糟糕的是，像后面将提到的，他后来涉嫌科场案，遭了牢狱之灾，差一点性命不保。

在狱中，周福清于愤恨命运待他不公的同时当然清楚，他的仕途彻底完结了，他功成名就、光大门楣的梦想已成画饼。如同多数失意的中国人一样，他将希望寄托在子孙身上。他有一子名

一 老人转世

周介孚,曾中过秀才,可体弱多病,且在他蹲大狱时即已过世,所以他如果还有家道复兴的梦想的话,这梦想可能更多地着落在了孙辈的身上。他在给两个孙子(其时一个十九岁,一个十五岁)的"恒训"里叙说了周家的兴衰史,这份家史应是结于周家的"衰",瞻望的是日后的"兴"。

不知他是否从两个孙子身上看出了什么日后可成大器的征兆,也不知他对他们的命运有过怎样的设想。可以肯定的是,他绝不会想到两个孙子后来双双成为著名的作家,中国现代史上的文化名人——这两个孙子便是鲁迅和周作人。对于现代的中国人,他们不仅是周家,也是绍兴出过的最出名的人物。按照周福清的标准,这算不算是光宗耀祖了呢?——如果是,那也是以他决然料想不到的形式。他不会想到他们会以与祖辈人全然不同的方式续写周家的家谱。

也许二人当中,周作人的荣辱沉浮更会让他不知所措。作为一个读书人,周作人曾经绝意仕途,其声望相当程度上正同这姿态相关,这与旧式读书人走的完全是两条路;周福清心目中的光宗耀祖,大约首在做官,周作人后来确乎当了官,而且官位比他那区区知县大得多,可那是异族统治者卵翼下的伪官,当入贰臣传的。这样的子孙,究竟是肖,是不肖?

清光绪十年甲申十二月初一,即公历1885年1月16日夜里,新台门周家又有一男婴呱呱坠地。所以用得着"又"字,乃因三年多以前这家已经有过一个男孩,大号樟寿,即是后来的鲁迅。

这时孩子的祖父周福清正在京城里做官，待消息传来，少不得要行使一番做祖父的特权：给孙子命名。上一回长孙出生的消息报来时，恰有一"张"姓官员来访，老太爷即兴赐长孙一名，是谐"张"之音，字写出来又好看的，叫"樟"，加上一个寿字。这一回他还是老章程，因这天来了位旗人官员，其姓不常见，发音读如"魁"，于是新生儿的名字便从这里生发，老大名里既有一木旁，老二当然也要有，就叫做"櫆寿"。

多年以后，周櫆寿这名字基本上已是无人知晓了，正像我们只知鲁迅不知"周樟寿"一样，我们只知周家现在的这个男婴即是后来的周作人。

周作人的出生平淡无奇，没有任何传奇色彩。若硬要说有，便是族中曾有这样一个传说：那天夜里，本房的一个堂叔夜游归家，方进内堂大门，就见一白胡子老者站在那里，稍一凝神，却又踪影不见。既然周作人是在那日后半夜出生，那时的人又相信有转世投胎一说，那位堂叔便觉他之所见不为无因，于是传扬开去，族中人也都信了他，认定周作人便是那老人转世，后来传来传去，不知怎么又说那老者乃是一老和尚，周作人也便成了老和尚转世了。

成年以后，受到现代文明洗礼的周作人当然不会相信这套说法，不过明知是子虚乌有，他对这传说却颇为喜欢。在大多数提倡新文化的人看来，此等传说是绝对要不得的，只可斥为迷信。周作人则一直以为，若是信其为实有，自然荒唐，可就当是传说，或是"典故"，姑妄言之，姑妄听之，倒也有趣——它们撩人遐思，正可给平实的人生添些蕴藉，多点艺术味。他在自传性的文章里多次提到这桩关乎他"身世之谜"的典故，五十岁时写的一首打油诗里更戏谑地把自己说成是在家的和尚，——真是津津乐道。

除了觉得有趣之外，"老人转世"的传说对于周作人是否也具有某种心理暗示的作用呢？不知道。他在晚年写的《知堂回想录》里说："因为我是老头子转世的人，虽然即此可以免于被称作'头世人'——谓系初世做人，故不大懂得人世的情理；至于前世是什么东西，虽然未加说明，也总是不大高明的了，——但总之是有点顽梗，其不讨人们的喜欢，大抵是当然的了。"仍然是真真假假的"戏说"姿态，然而他既说转世老人的特性是"有点顽梗"、"不讨人们喜欢"，想到一生经历的沧桑荣辱，想到他的不合时宜，他也许真有些觉得，那传说大有"不幸而言中"的意味。

周作人出生的那一年，正是中国近代史上的"多事之秋"，就是这一年，法国侵略印度支那，中国战败，清江山已在风雨飘摇之中。但这一切对远离政治文化中心的绍兴是没有影响的，那里似乎仍然是承平之世，"新台门"里的生活也一如既往的平静。要说幼年周作人的生活有什么阴影的话，那便来自他的身体。他一直多灾多病，远没有兄长鲁迅那么健壮。他生下以后没奶吃，雇来的奶妈也没什么奶，害得他整日哭闹，为了哄他不闹，便在门口买各种东西给他吃，结果是消化不良，身体很是瘦弱。怪的是却又似害了馋痨病，见什么想吃什么。家人要对症下药治他这馋病，便什么东西都不让吃，只许吃饭和咸鸭蛋——那时的绍兴人以为，养病时就只能吃这些。

四五岁时，他又生了场大病，是出天花，也叫牛痘，据说那是一种"天然痘"，死亡率颇高，即使幸免，也要落下一脸麻子。这一次的病不比"馋痨"，来得煞是凶险，差一点要了他的性命。幸有祖母、母亲的精心照护，最后总算过了这道坎。而他下面一个小他四岁的妹妹，叫端姑的，被他感染了，就因此亡故了。此后他的大病小病不断，这病好了是那病，十岁以前，他一直在同各种各样的病打交道，可说竟是与病为伍了。

虽然如此，童年生活留给周作人的，并非全是关于病的记忆。现在人们提起周作人，想到的便是一位谦和儒雅的老者形象，似乎他从未有过童年。其实即使当真是老人转世，他也得从儿时过起。儿时的周作人和多数小孩一样，对世界充满好奇，甚而也有他的顽皮。三四岁时，他同不满周岁的妹妹睡在一起，这妹子长得很讨喜，大人都疼她，周作人那时对妹妹恐怕并无囫囵印象，只对她那小小的脚情有独钟，有一回见她脚上大拇指短短圆圆，好玩极了，便忍不住凑上去咬了一口，惹得妹妹大哭，大人急忙过来，才知是他的顽劣行为。

晚年周作人能够记起的，还有其他的"劣迹"。比如有一回邻家来了位房客，那人身量很高，脑后却拖根极细的小辫，头上又还顶着方顶瓜皮帽，周作人看了觉得滑稽透了，忍不住暗使促狭，趁那人随着旁人围观新娘，偷偷溜到他身后，抓住辫子向上一拉，瓜皮帽登时飞去。再如八九岁时，他同比他稍长的伯升叔随族中一位远房叔叔在厅房里读书，厅房外面有一小花园，长满了各式各样的花木，他们常在那儿玩耍，最令二人"忘情"的却是罗汉松下埋着的两只"荫缸"。荫缸里是已作青黑色的积年的脏水，更有大半缸腐烂的树叶和破砖瓦砾积存在里面，两个孩子关了厅门，托词读书，终日躲在园里淘那两只水缸，想象着会碰上的蜈蚣毒蛇蛤蟆蚂蟆之类。再大一点，读私塾的时候，他和鲁迅为头的一帮孩子还曾到另一学堂惩戒一个虐待学生的塾师。那塾师绰号"矮癞胡"，打起学生有如捕快拷打小偷一般，又会没收学生的烧饼糕干等点心，归他自己享用。更出奇的是那里有一种"撒尿签"制度，学生要小便，须领了签才可出去。鲁迅这帮孩子听了很是气愤，便去到那里打抱不平，将笔筒里插着的"撒尿签"尽皆折断，笔墨砚台乱撒一地，算是出了口恶气。

不过大体说来，与同龄的孩子相比，周作人应说是个安分的孩子。他很少闯祸，稍大一点以后，即或偶有"逾矩"之事，他也绝非"首恶"，像上面提到的后两桩事，他都是"胁从"的身份。在大人的印象里，周作人听话，性格和顺，遇事很好商量。有一件事母亲鲁瑞多年以后还记得：鲁迅进三味书屋读书时，家里给他买了一张两个抽屉的书桌，当时三味书屋的学生都用这种书桌；周作人进三味书屋时，因家用紧没给买，他起初有些不高兴，嫌寒碜，怕同学笑话，但一经向他说明，他也就算了。若是别的孩子，多半要弄到大闹一场的。周作人的这种性格，后来也是一样。鲁迅往南京读书时，母亲曾借贷凑了八元钱给他，到周作人去南京时，家里这点钱也难筹措了，母亲跟他说穷人家子弟读书刻苦易有作为的道理，他也便理解家里的难处，拿了一点点盘川高高兴兴上了路。

周作人的和顺安分，与他的体弱多病有很大关系，同时也多少与他上面有兄长鲁迅有些关联。旧式家庭里，长子的地位非同一般，家族的希望首先寄托在他的身上，他也在诸事上占着优先权。这样的气氛自然培养起鲁迅的长子意识，他遇事更爱争胜出头，也更有责任感。周作人作为次子，既在无形中受到忽视，遇事也就退后得多。多年以后，他或许会有一种被兄长罩住的感觉，不过在相当长的一段时间里，他很能接受他比较次要的地位。跟在兄长后面，接受他的指引照应，也是很愉快的。

二 家变

平静、愉快的童年仿佛就将这样持续下去，没有任何迹象表明周家的生活会发生什么变化。然而周作人九岁那一年，一场突然的、对周家说来是致命的灾难降临了。

这一年二月，曾祖母戴氏病逝。老人家已活了八十岁，归天多少也在意料之中，算不得怎样祸事。糟糕的是这事引来的后果：正在北京做官的周福清回来奔丧，"百日"期满后，又渐有作外游的打算，那时正值浙江举行乡试，主考官与他是认识的，亲友中便有人出主意，招集几个有钱的秀才，凑了一万两银子，托他去送给考官，买通关节，好让夹袋中人顺利地中举，不想天机泄透，东窗事发。于是这一年的秋天，年幼的周作人便同阖台门的人一道，目睹了可怕的一幕：像他只在戏里看到过的情形，两个衙役径直走入来，到厅堂里站定，喊道："捉拿犯官周福清！"

接下来则是全家人的惊恐，茫然。

周家在那一刻突然间天塌地陷，周家人不知这祸事究竟有多大，又会怎样了结，能做的决断是暂且紧急疏散，首先是，周家

二　家　变

的根苗，鲁迅和周作人，被送到皇甫庄外婆家去避避风头。

事情的来龙去脉，周作人当然是很久以后才弄清楚的。在晚年，他以为这祸事的起因，乃是曾祖母的去世，因为若不是奔丧，祖父自然还在京城里做他的官，还在京城，则后面的科场舞弊等事都不会发生了。周作人也许还想过，倘若没有这场"横祸"，则周家不会彻底的败落，至少不是如此迅速的败落，果如此，他后来的命运是否会有所不同，他一生的路途还会是我们现在知道的那样吗？

当然，往事容不得假设，那时的周作人更没有意识到这桩祸事对他的生活有何影响。果真是"少年不识愁滋味"，他在皇甫庄很快把祖父的被"捉拿"之类忘诸脑后，相反，他意外地发现外婆家这里倒是一片乐土。

事实上，在周作人朦胧的意识里，祖父的回到家中比祖父的吃官司更像是一场"风暴"，因为那与他的生活有更直接的影响。他一直没见过祖父，只模糊地知道他是靠发奋读书做了官的，是周家的光荣。初见祖父，他既觉陌生，又感到威严，难以接近。祖父的出现给家里带来一种严苛压抑的气氛，周作人习惯的那种相对宽松自在的生活被打断了。给他很深印象的一件事，是一天早晨，祖父在家里大发雷霆，因为他早上起来，发现家里人没有早早起来洒扫庭除。他怒气冲天，竟至于把火也发到九岁的小孩身上，周作人还在梦中，忽然就觉身体震动起来，身下的床被敲得震天响，待睁开眼睛，就见祖父在拼命捶打着床，见他醒来，又转过身，将右手大拇指放进嘴里，咬得指甲嘎嘎作响，口中狠狠骂着什么。此情此景，对于一个小孩，委实有几分恐怖，周作人惊异得呆了。同时他也就对祖父减了几分敬意，觉着那样粗暴，实在不像祖父所为，让小孩都看不起。

可以想见，周作人暂时离开祖父统治着的家，必有鸟脱樊笼的感觉。

在皇甫庄的生活要比原先在祖父统治着的家里自在多了。皇甫庄在绍兴城东面，距绍兴三十几里路，四面环河，港汊纵横，是绍兴一处方圆较大、盛产鱼粮的著名水乡。周作人的两个舅父住在这里，外婆一度也从安桥头迁居此处。绍兴有句俗话，"外甥大如皇帝"，外甥在乡下算是贵客，如果有人对别家的外甥不客气，就是看不起这一家的表示。所以两兄弟在舅父家，在村里，都得到很好的招待。既是做客，家里的那种管束自然也没有了。

在周作人的眼里，这里的一切真要比家里有意思得多。算起来他还是头一回出远门。鲁迅长他几岁，又是长子，逢年过节，常随了母亲来皇甫庄拜年、扫墓和消夏，他则是头一次到乡下。儿童原本对自然更有一种亲近感的，他对乡间的景物、人事都感到陌生而新鲜。他晚上在小舅父家由一女仆带他睡在一间宽而空的阁楼上，一张大床，上有一个朱红漆的皮制方枕头，枕头上边有一镂空的窟窿，恰可安放一只耳朵进去，他觉得很是好玩。白天他多到大舅父那边，大舅父吸鸦片，整天躺在床上，帐幕低垂，但帐内点着烟灯，知道他醒着。他觉得有趣的是那里有一只烧茶的黄铜炉子，稀奇的是这炉子用纸煤烧的。这是一种用一种特别的纸（"煤头纸"）叠成的长条，据说烧十几根纸煤，一小壶水就烧开了。他时常津津有味地看表姐叠这种细长的纸条，一看看上半天。

每日大约只要隔着帐子叫大舅父一声，便可以尽情地玩耍了。这里的玩伴真是不少，大舅父家有一儿一女，小舅父家有四个女儿，年岁比他大不多少，不常见面的表兄妹们在一起，不知比自己的家里热闹多少。

过了一段时间，因皇甫庄的房子租期已满，两兄弟随大舅父移居到小皋埠。周作人的快乐时光仍在延续，这里最让他入迷的是娱园，这园子的主人秦少渔是大舅父的内弟，大舅父一家寄居在厅堂西偏的厅房里，他和鲁迅也便常有机会在园中嬉戏。娱园建于咸丰年间，说起来也算是名胜之地，可这时已是荒废了，扶疏花木、通幽曲径皆已不见，他的印象中，也就和鲁迅笔下"百草园"那样的菜园差不多。可是对于贪玩的儿童，这废墟却非常有趣，鲁迅笔下的百草园不正是儿童的乐园吗？

其实他身边的事并不都是那么令人愉快，鲁迅就知道有人背地里说闲话，说他们是要饭的，颇感得了一点世态炎凉。他因为年纪太小，或者如他后来自己说的，"浑浑噩噩"，全然不觉。无拘无束，而一切又是如此新鲜有趣，乡下避难在他遂成了一个漫长而快乐的假期。

快乐的时光过得快，不觉间一年多的时间过去了。这时家里想风头已过，便接两兄弟回到家中。风头虽过，余波尚在。这一段时间里，周作人诚然是浑然不觉，家中的大人却一直在惊恐之中，四处设法探听消息，还要上下打点。为使周福清的罪案从轻发落，周家花了不少钱，还变卖了二十亩水田。周家原本家底就不厚，周福清在江西县任上被革职后，为谋朝廷重新起用，花钱捐了个内阁中书，这官是候补的性质，地道的闲官，没有什么油水，在京里的用度倒还要靠家中田庄上的出息维持。再有现在这一番折腾，周家的祖产也就抖落得差不多了。

周福清犯的是科场案，在清朝是该当死罪的，往往是行贿受贿的双方都判死刑，有时要株连几十人之多。到清末，情形已有所不同，官场上多是敷衍过去，并不深究。周福清的案子原本也有可能从轻发落，一开始审他的苏州知府便是想含糊了事，说犯人有神经病，照例可以免罪。不想周福清倔脾气犯了，没一点人情世故，他在公堂上振振有词地说他并非神经病，有意思的是，还历陈某人某人，都是买通关节中了举的，也并未问罪。这下上面很尴尬，想含糊了事也不能了。只好向上汇报，依法办理。最后判的是"监斩候"，也就是判处死刑，缓期执行。周福清从此就一直押在杭州府狱中，八年后才总算获特赦出狱。

直接受到牵连的，是周福清之子，也即周作人的父亲周伯宜，他被剥夺了当年参加考试的资格，而且还被革斥了秀才的名分，今后也不准参加科举考试。对于那个时代的读书人，这等于是宣布他永无出头之日了。

家产荡尽加上名声扫地，前程无望，周家的经济与社会地位一落千丈，周家的子孙从此必须习惯在困顿与屈辱中度日了。

糟糕的是，祸事一桩接着一桩。不知是否与心情的压抑有关，周伯宜突然病倒了。一日，他坐在北窗下，突然大吐起血来，正吐在北窗外的小天井里，也不知吐了多少，很是吓人。吐血很快止住，病情逐渐平稳，可看病的医生不大高明，先说是肺结核，腿肿消了以后又当作臌胀病去治，最后也没弄明是什么病。拖了一段时间，到了秋冬，季节一变，病势又趋严重，经了两位"名医"一年多的治疗，终于不治。弥留之际，鲁迅、周作人、周建人三兄弟守候在床边，喊了几声不应，知道父亲已是过去了。

在周作人的记忆中，父亲是个温和亲切的人。"隔代亲"的说法在周家似乎用不上，祖父对孙子的严厉我们在他迁怒幼小周作人的那一幕里已领略了，照说小孩更怕的是父亲，鲁迅在散文里也描述过父亲的严厉和不近人情，周作人对父亲却没有类似的隔膜感。周伯宜很少打骂小孩，据说只有一次他动了手，打的恰恰是周作人，可周作人记住了祖父的发怒，却淡忘了父亲给他的皮肉之苦。他能记起的是父亲曾对人说起他的心愿，想要一座小楼，清闲幽寂，可以读书（不知这话是否勾起了他对清静的读书生活的朦胧向往），记得更清楚的还是父亲喝酒时的情景。父亲是善饮的，而通常喝酒起头时总是兴致很好，会把下酒的食物分一点给小孩吃，又说些故事来听。直到患病后，这样的情形还时或有之，多少年后，周作人还能记起他们如何围坐一处，听他边喝酒边讲《聊斋志异》中可怕的鬼怪故事。

事实上，父亲也是经常发脾气的，他一直不得意，又多病，心境自然不会好，时常脸色阴沉，忧郁，好像对人世已看透，唯有憎恶。有时无缘无故发起脾气来，把瓷器、酒杯、碗筷都掷出窗外，但他似乎只怨恨自己，独自生闷气，不拿小孩出火，也不

忘却斜阳上土堆
——周作人传

和妻子吵架拌嘴。有一次小孩便听到他跟母亲说："我的名字不吉利啊，你看，'用吉'，把'周'拆散了，真是奇怪，怎么会有这么个姓！"

父亲的怨恨不平之气，那时的周作人领会不到，即使父亲的病与死——在鲁迅那里，那是一段刻骨铭心、难以化解的痛苦记忆——也没有在他心中引起强烈的震荡。他仍维持着避难乡下时的那种"浑浑噩噩"的状态，父亲病中他随了鲁迅去寻各种奇奇怪怪的"药引"，在他就好像是到野外去上有趣的博物课，又像是在玩一连串叫人入迷的游戏。那些相信"医者，意也"的"名医"开出的种种荒唐的"药引"，后来在鲁迅、周作人的散文里都出现过的，什么冬天的鲜芦荟一尺，经霜三年的萝卜菜，几年陈的陈仓米，平地木十株，等等，最奇的当然是原配的蟋蟀一对，——鲁迅讽刺道："似乎昆虫也要贞节，续弦或再醮，连做药资格也丧失了。但这差使在我并不为难，走进百草园，十对也容易，将它们用线一缚，活活地掷入沸汤中完事。"周作人的记述则要平静温和多了："……例如有一次要用蟋蟀一对，且说明要用原来同居一穴的，才算是'一对'，随便捉来的雌雄两只不能算数。在'百草园'的菜地里，翻开土块，同居的蟋蟀随地都是，可是随即逃走了，而且各奔东西，不能同时抓到。幸亏我们有两个人，可以分头追赶，可是假如运气不好捉到了一只，那一只却被逃掉了，那么这一只捉着的也只好放走了事。好容易找到了一对，用棉线缚好了，送进药罐里，说时虽快，那时候却不知要化若干工夫呢。"这里鲁迅式的愤然见不着，过程写得详而有趣。对周作人，这固然也是在寻"药引",同时也就是逃脱枯燥乏味的功课的"贪欢"时刻吧?百草园真要比三味书屋有趣多了,即使是在寻药引。

三 读书滋味

跟随鲁迅为父亲寻药引的时节，周作人的确已进三味书屋正式读书了。但这并非是他读书的开始。书香门第，读书是头等大事，因为做官是子弟唯一的选择，而读书正是进身之阶。鲁迅是七岁那年正式进的学。照绍兴的风俗，单数比双数巧，"七"尤其是个"巧数"，小儿七岁上学，就特别聪明颖异。鲁迅因是长子，所以延师开蒙、入学拜师之类，家中都特别郑重其事。对周作人则没有那么正式了，以至于多年后他已想不起最初的情形，只记得从过的先生都是本家，最早的一位叫花塍，是个老秀才，吸鸦片烟，第二位号子京，做的文章奇奇怪怪，叫人莫明究竟，第三位是个口口声声要杀尽革命党的言行暴戾的人。从这三位先生那里他没有学到什么东西，好在管束不严，倒也自在，躲在园中掏蔭缸便是那时的勾当。

至于正式读书，则是十二岁入三味书屋附读以后的事了。算起来比鲁迅晚了好几年。小儿最初上学，绍兴俗称"穿牛鼻"，意思是小孩进了书房，一切都要上规矩，服从先生的管束，这就好比牛的鼻子穿上了绳子一样。周作人既入了三味书屋这座绍兴城里有名的私塾,生活也便与过去大不相同了。起头念的书是《中庸》的上半本。这以前已念过的书则是一部《大学》。《论语》《孟子》《大学》《中庸》合称"四书",是神圣不可动摇的经典,那个时代读书人的必读书,考题都是从这里面出,从科考"战略"考虑,当然要从小抓起,读个滚瓜烂熟。但《大学》《中庸》两部书是出了名的难读的,小孩子不知所云地跟了先生念,真是苦事。绍兴有一首流传甚广的儿歌唱道:

大学大学,
屁股打得烂落!
中庸中庸,
屁股打得种葱!

三味书屋里的情形,鲁迅的《从百草园到三味书屋》一文中有极生动的描述:

三味书屋后面也有一个小园,虽然小,但在那里也可以爬上花坛去折腊梅花,在地上或桂花树上寻蝉蜕。最好的工作是捉了苍蝇喂蚂蚁,静悄悄地没有声音。然而同窗们到园里去折太多,太久,可就不行了,先生在书房里便大叫起来:
"人都到哪里去了?!"
人们便一个一个陆续走回去;一同回去,也不行的。他有一条戒尺，但是不常用，也有罚跪的规则，但也不常用，普通总不过瞪几眼，大声道：

"读书！"

在学堂里，鲁迅、周作人似乎都没有挨板子的记录，一来三味书屋里的气氛与别处私塾比起来还算宽松，二来出自素重读书的家庭，都要算是好学生。但是他们对先生讲的那一套不感兴趣，止于应付。倒不是他们不喜读书，只是他们另有所爱。周作人像鲁迅一样，从小就与书结下不解之缘。最让他们入迷的是有图的画书，讲仙山鬼怪的故事，在那里面驰骋想象要比摇头晃脑地背"子曰诗云"之类有趣得多了。尽管有趣，这一类的书在先生、在大人眼里是要不得的，因为"无用"——与科举考试无关——都被目为"闲书"，看了就属"不务正业"，在学堂里被先生发现，则更要受到没收、训斥乃至打手心的惩罚，所以只能半地下状态地偷着看。

鲁迅不仅喜欢看画书，还对描画儿特别入迷，受他感染，两个弟弟也有了这爱好，有段时间，这成了他们最起劲的事。从离家不远的文具杂货店里买来极便宜、质地薄而透明的荆川纸，蒙在画书或是小说绣像上，然后用笔蘸了墨汁，像习毛笔字的描红那样，一笔一笔临下，画便描成了。用这法子，他们把《西游记》《东周列国志》里的全部绣像都描下了。那时的零花钱都用在了买图画书上。有次鲁迅看中了日本画家小田海仙的《海仙画谱》，那里面的罗汉像神态活灵活现，但那书太贵，他的钱不够，便和两个弟弟商量，结果三兄弟的压岁钱便全用来买这书了。这事当然是要瞒着父亲的，书买来后即藏在楼梯底下，后来父亲偶然发现了他们的秘密，居然未加责备，他们当然就更起劲了。

他们热衷的另一类"课外书籍"是仙山鬼怪的故事。那时不像今天，有专门的书供儿童看，"童话"二字都没听说过，而《十洲记》《冥洞》这些书就成了他们的童话。鲁迅到十五岁，对这类书还是爱不释手。有个时期，他每晚早早上床，却不睡觉，拉了周作人一同神聊那些书上的内容，这却不是单纯的复述故事，而是将书中内容海阔天空地"演义"起来，二人也似摇身化成了故事中人。他们最喜想象仙山胜境，比如在书里看到"赤蚁如象"的话，便想象自家居住山中，那里有天然的楼阁，又有巨蚁随他们驱遣使唤，巨蚁名唤阿黑阿赤，神通广大，能变幻，可以炼玉补骨肉，起死回生……一天一天，他们就这样杜撰下去，添加上许多的细节，陶醉在自己创造的乌托邦里，忘却了恼人的功课。

他们的"课外活动"也是自己给自己安排的。三味书屋距新台门不远，只隔着一道水沟，十几个门面，可"外面的世界很精彩"，家与学堂之间这段短短的路途让他们看到听到许多新鲜的人与事。有一家的主人头大身矮，又一个身长头小，时常遇见的一个长辈因为吸鸦片，瘦得两肩高耸，仿佛长衫下横着一根棍，在他们眼里有几分像画里夸张的人物，他们看了都乐不可支，也就都拉了来做自编自演的剧里的人物：大头被想象成凶恶的巨人，占据了岩穴，时常侵扰别人，小头和耸肩的两个便用了法术来降服他，小头仗着头小可以从石窝缝里伸进头去窥他的动静，耸肩的则用上了生得怪异的肩膀，待大头出来，只耸起肩一夹，就把他装在肩窝里捉走了。

上学、回家的这段路途既无先生的管束，也不在大人的眼皮底下，可说是最自由的所在了。

日子一天天过去，有哥哥弟弟和许多同窗做玩伴，纵使课堂上讲的书令人生厌，周作人最初的读书生活也还不算寂寞。可这样的日子只持续了一年多。十三岁那年，祖父那边传过话来，要他到杭州去陪侍，他的快乐童年也就此结束。

周福清在杭州服刑，原是由姨太太潘氏及伯升（周福清庶出的儿子）随侍，伯升后来决定进南京水师学堂，便要周作人来补他的空缺。虽然是"监候斩"，听起来似乎是等着砍头，非常严重，周福清在狱中的待遇倒还不错，可以读书，随意地走动串门，与人聊天，家人也可频繁地来看他，陪他。周作人来杭州的使命，便是每隔三四天到监里，陪祖父读书，每次都是早上去，下午回到住所。祖父的严厉和坏脾气是他曾经领教过的，这一次对他却还好，照他的话说是"容易应付"。待在祖父身边，多数时间是在读书，那里有《四史》《明季南略》《明季稗史汇编》《唐宋诗醇》《纲鉴易知录》等书，他都可以随意浏览。当然祖父让他来伴读，也是要亲自点拨的意思，点拨的不用说是正经功课，学堂里没念完的书经，再就是八股文和试帖文诗。

在监狱里读书，在他是一种奇特的经历吧？他对家里的情形一向是浑然不觉的，现在隔三岔五地往狱中去，他似乎一下觑见了现实的严酷真相，他突然意识到自己是个身服父亲重丧的小孩，而祖父是牢里的犯人，他则在探监的路上踽踽独行。他过去的游戏心态再也不能维持了。

在杭州，他感到生活的气氛是压抑的，他也领略到了忧郁与寂寞的滋味。从精神上讲，他可说是形单影只，他的周围没有一个年岁相当的人，与他同玩耍共笑语的伙伴都消失了。与脾气乖张的祖父共处一室，即使是"容易应付"，也总要规行矩步，绝没有什么愉快可言；回到住所，他是随了潘姨太同住，每日自己用功，单调乏味，与庶母之间，又有说不出的隔阂。就连住所的房子也让他觉着气闷：家里虽说是破落的"台门"，毕竟房舍多地方大，又还有"百草园"足供嬉戏，这里却是与人合住着狭窄的小楼，整日拘在里面没处可去。种种的不如意加在一起，使得杭州一年半的生活只给他留下了一段阴暗的回忆。说起来这是他头一次到一个大去处，而杭州的湖光山色、名胜古迹闻名遐迩，可在那样的心境里，一切似都失去了意义。他只记得除夕之夜在祖父处陪侍用饭，刚食毕已到了收监时，夜里一人走回家去，黑暗中的湖光塔影，满目凄清。

要说这一派阴沉中偶或也透出过几许亮色，那便是对一位少女的回忆。邻家有个叫杨三姑的姑娘，十四五岁，常来他家串门，通常是先去潘姨太处搭讪一番，而后便到周作人读书的地方，抱了只大花猫，站在他身后看他习字。虽未交一语，周作人却有一种异样的感觉，微妙而神秘。他甚至对她的模样姿态也不很分明，只模糊地有个印象，是尖面庞，黑眼睛，瘦小身材，一则他是近视眼，二则冥冥中这少女成了他恋慕的对象，一种朦胧的神圣之

感,使他不敢仔细端详。很多年后他回忆说:

> 我在那时候当然是"丑小鸭",自然也是知道的,但终不以此而减灭我的热情。每逢她抱着猫来看我写字,我便不自觉的振作起来,用了平常所无的努力去映写,感着一种无所希求的迷朦的喜乐。并不问她是否爱我,或者也还不知道自己是爱着她,总是对于她的存在感到亲近喜悦,并且愿为她有所尽力,这是当时实在的心情,也是她所给我的赐物了。

这当然是典型的初恋心态了。从杨三姑身上,周作人第一次于自己之外感到了对于他人的爱,并且朦胧地领略到一种美好的感情。像多数的初恋一样,这情感是没有结果的,——原本也就无需结果。周作人到最后也没同杨三姑说过一次话,但只要她在着,也就足够了。他模糊地觉得他们两人之间有一种关系,无形中就有一种牵挂。有一次潘姨太说杨三姑的坏话道:"阿三那小东西不是好货,将来总要落到拱辰桥去做婊子的。"周作人小小年纪,不知做婊子是怎么回事,不过听那口气,猜出必是不好的下场,心中顿生一种保护她的欲望,想道:她如果真是流落做了婊子,我必定去救她出来。

杨三姑可能的结局无从设想,周作人也没有机会去验证他的侠骨柔肠,——半年多以后,杨三姑染上霍乱,亡故了。其时他已回到绍兴,听到这消息,心里觉得很不快,"想象她那悲惨的死相,但同时却又似乎很是安静,仿佛心里有一块大石头已经放下了。"

杨三姑是他杭州读书生活的一段插曲，淡淡的，飘忽惝恍，似有若无。与这段插曲一道，他的意识里还沉淀下其他一些东西。那段时间，他大多数时间是和几个妇女在一起：潘姨太，女仆宋妈，常来串门的余氏等。大约是从她们之间的闲谈拉家常当中，他知道了她们不幸的经历，潘氏的身份是妾，常受家里人的冷眼怨恨，那遭际不用说了，宋妈大约四十多岁，嫁了个轿夫，因为家里穷，这才到杭州来做工；余氏原先嫁在山乡，夫妻感情很好的，却因不中老姑之意，将其卖给了现在的丈夫，像《祝福》中的祥林嫂一样做了"活切头"。各有各的辛酸，都可说是沦落之人。也许是他那时寂寞忧郁的心境使他特别容易感受到他人的痛苦，周作人对她们的悲苦隐隐地产生了同情。

即使是那位待他不善的潘姨太，他想到她的命运，也是由衷地哀其不幸。姨太太与正妻所出的儿孙之间，原本容易产生敌意的，周作人也很有些理由对潘姨太感到愤然，到杭州以后，每天一顿干饭两顿稀饭定时吃，他总感到吃不饱，只好独自溜到灶头，从挂着的饭篮里拣那大块的饭直往嘴里送。潘姨太看出冷饭减少，料到定是他偷吃了，却不说穿，故意对宋妈道："这也是奇怪的，怎么饭篮悬挂空中，猫儿会来偷吃了去呢？"这挖苦的话当然是说给他听的，令他顿起反感，他并且决意就要跟她作对，以后照偷不误。可过后平心想想，潘姨太人并不坏，有些事是她的处境造成，对她也就并不生出很大的怨恨。以后潘姨太有事要他帮忙，他也应承，比如她爱好京戏，有次借了本《二进宫》想抄存，他就花了不少功夫帮她描了一本。那时期，半是因为寂寞吧，他开始记日记，内容要比后来的流水账详得多，但那里面没有说过她的坏话，倒是记下了她的生日。

我们从这些地方可以看出周作人的善于体谅人，他的同情心。他对几位妇女的命运的同情，也许已经预示了他后来对妇女问题的关注——终其一生，他一直关注着。

四 走异乡，逃异地

周作人在杭州的生活虽然不大愉快，学业上却是大有长进。这里的"长进"既是指读野史一类的"闲书"，也指他的正经功课。后一方面的检验是有硬指标的，一是那些经书是否懂，是否会背；二是做文。周作人在祖父点拨之下，现在已能"完篇"，也就是说，一篇文章能从头到尾写下来了。

这可不是一般的文章，乃是"八股文"。八股文也叫做"时文"，参加科举考试的人都得做这种文章。它有一套极僵硬刻板的程式，从"破题""起讲"到"后股"一段（也就是一股）一段地下来，不可稍有差池。题目都是从"四书"上出的，这也就是考生们的考试范围，必要背得滚瓜烂熟，不然试题看不懂，"破"不了，"起讲"也就无从讲起。"四书"上的话都是"圣人"的话，天经地义，容不得半点怀疑，做文是"代圣人立言"，就是顺了题目的意思往下发挥，你若不顺着说，那是找死。多少年下来，"四书"上的题目已出得差不多了，考官当然不能犯重，又要将大部分考生考倒，便要挖空心思想出些偏题怪题，于是有了所谓"截搭题"，就是不用完整的句子，只截取一半来做题目，比如"有事弟子服其劳"是孔子原话，题目出的却是"有事弟子"。这是光"截"的，有些"截"以外还要"搭"，就是取上句的后半句与下句的前半句凑在一起。观察、体验、思考一样都用不上，比现今的中小学生厌烦的命题作文又无聊得多了。

周作人既然已会做八股文，有了应试的资格，家里当然要让他去考场上历练历练。1898年12月18日，周作人与鲁迅一起参加了县考。次年1月发榜，鲁迅考了第37名，周作人则是484名。随后的府试鲁迅没有参加，周作人考了第197名。以后他又参加过一次院试，考了第53名，那一次，会稽县应取40名，这样他就"名落孙山"了。科举考试是读书人做官的必由之路，不过周作人对自己的落榜也并不觉得很沮丧。让他最受不了的倒是考试这种形式，这以后他一再说到他对八股文的憎恶。

至少同考试一样烦人的，是家里的情形。杭州的一年多时间他初尝寂寞、忧郁的滋味，从那时起，他就再也无法恢复以往那种无忧无虑的状态了。在家里，鲁迅是最能理解他的，谈话投机，有事可以商量，可这时鲁迅却已到南京读书去了，他更感到孤单与无聊。一度他有了一个新的玩伴，是叫做"阿九"的，长他几岁，同他一起读书。阿九显然不是好好读书的人，比他大却还在读《幼学琼林》，所谓读书也是虚应事故，更多的时间还是游玩，在街上闲荡。周作人那时心情郁闷，又且读书已生厌倦，倒很愿意与他在一起。阿九身上颇有点江湖气，喜欢惹是生非，周作人那时正对《三侠五义》一类小说入迷，就觉阿九与书中那一流的人物有些仿佛。他跟着阿九在绍兴城里四处游玩,吃吃喝喝,有时也见识见识阿九如何同店家无理取闹,没事找茬。晚年的回忆录中,他称自己从阿九的种种言行中"着实学得了些流氓的手法",并戏言自己那段时间"差点成了小流氓"。那些"手法"何处施展过,他没说,他也并没有闯出什么祸来(阿九倒是真有些流氓气,也真闹出事来的,后来就是他把潘姨太拐跑了),不过那时与阿九在一起,他感到真是一种新鲜的经验。

但这段游荡的经历在他注定了只是一段插曲,他的性情与阿九毕竟两样,他也不能像阿九那样心安理得。一面终日游荡着,一面又对自己的状态感到不安,有天在日记里他自责道:"学术无进而马齿将增,不觉恶然。"终于他觉得不能再这么混下去了,甚至想到要重回杭州祖父身边去读书。杭州那段生活留给他的印象如此糟糕,现在他居然动了此念,也就可以想见他对自己的现状是怎样不满了。

没想到他这边还未成行,那边祖父已奉旨准其释放,从杭州回到家里了。更没想到,将祖父接回家中,原是天大喜事,家里却从此不得安宁。在杭州伴读的那段时间,他已然部分地修正了对祖父的印象,觉得他并不怎样严厉,否则他也不会有再赴杭州的打算了,现在祖父却是故态复萌,原本性情乖张,脾气暴躁,一肚皮的不合时宜,现在经了一场祸事,更是变本加厉了,他见了谁都不顺眼,动辄破口大骂,骂的话又极是难听,到激愤处,照例将拇指伸进嘴里,咬得指甲嘎嘎作响。周作人这时已没有了幼时的惊恐,有的只是鄙夷了。但这鄙夷却不是超然的,年轻人对丢人现眼的事往往容易作夸张的反应，祖父的詈骂虽不是冲着他来，他却真觉着羞愤难当。

比这更难堪的，是他每天得上街去买菜。虽然他后来说与小贩讨价还价之类，对他并不算什么难事，当时他却大约多少有点公子落难的感觉。要命的是，他得穿着长衫上街，大清早，上街买菜的人都是短衣，独他一人一袭长衫，挎着装菜的篮子，穿行于鱼摊菜担之间，众目睽睽之下，简直就是在向众人也向他自己提示他的寒酸落魄。他想脱下长衫，祖父却还不许，以祖父乖戾的脾性，他是拗不过的。在他看来，这真是无形的虐待了。

——也许都算不上什么了不得的大事，可是有些时候，一些琐屑小事却比"大事"更是促使人们做出某种选择（事后看看，说不定还是重大的人生抉择）的迫切原因。"大事"往往是抽象含混的，小事却是具体的，时时逼上身来，要躲也躲不过去。眼下这些须每天要面对的琐屑的难堪让周作人实在无法忍受，他觉得这个家再也待不下去了。

鲁迅离开绍兴赴南京求学的最直接原因，便是不愿再与"衍太太"之流周旋下去。在鲁迅，"衍太太"似乎是庸俗的乡人的一个代表，《琐记》里写道："S城人的脸早经看熟，如此而已，连心肝也似乎有些了然，总得寻别一类人们去，去寻S城人诟病的人们，无论其为畜生或魔鬼。"周作人不像鲁迅那样愤世嫉俗，他回忆中的故乡并不那样丑陋，晚年的《鲁迅小说中的人物》里有一篇谈《琐记》的就说道："学堂诚然为S城人所诟病，可是这里边的人和他们究竟相去有多远，那也就很难确说吧。"显然他以为人是一样的庸俗,"天下乌鸦一般黑",别地的人也不过如此。不过那是后来,当时他那样年轻,处在最敏感、最容不得沉闷无聊的时期,对周围的环境不可能有时过境迁后的那份心平气和。于是,他也想着"走异乡,逃异地",去寻求别样的生活了。

当然,他的逃离家乡与当时中国发生的"大事"也不是全无关系。民变,荒灾,民族危机与社会危机……古老的中华帝国已在风雨飘摇之中。一系列的"大事"对台门内的生活并没有直接的影响,与他的个人生活一时似乎也还看不出什么直接的关系,不过它们已经侵入到他的意识中来。他的日记里已经开始越来越多地出现这方面的内容。虽然对外面的世界并无清楚的了解,不知这社会将向哪一个方向变化,但他已经感觉到大变动来临的气氛,生活也许将不会是原来的样子了。

这时的周作人已不是过去那个"浑浑噩噩"的少年,他不得不想想未来,想想个人的前途。若是株守家中,其前景此刻似乎也就可以分明地看到了:既然科举已经废止,他在家读书已经失去了意义,经书文章,不能给他以出路。就在台门里做少爷,守着新台门的家业吗?从杭州回来后的这段时间里已经领略了那是怎么回事了。父亲早死,长兄在外求学,他若待在家里就要主事了,收租完粮之类,都成了他的分内事。他一直是在别人的照顾之下,这样的当家角色他只觉厌烦,难于应付,同时那些俗务,也与他的兴趣太不相合。何况这是怎样一份家业?

不管怎么说,他是决意要离开这个家了。往哪里去?他很自然地想到了南京。鲁迅去南京后一直同他书信不断,祖父回家两个月后,他即给大哥写信,托寻找机会,也进学堂念书。随着年龄的增长,兄弟俩已经不单是过去在一起说笑淘气的玩伴,而更进一层,成为志同道合的知己了。他在信中道出心中的苦恼,鲁迅则不时地劝勉,激励他的志气。鲁迅曾寄诗给他,有一首写道:"从来一别又经年,万里长风送客船。我有一言应记取,文章得失不由天。"周作人有一首和诗则曰:"家食于今又一年,羡人破浪泛楼船。自惭鱼鹿终无就,欲拟灵君问昊天。"鲁迅的诗里有股自强不息的豪气,周作人的诗里则有自怨自艾的味道,流露出对自己的不满,对大哥的羡慕。这首诗是1901年年初写的,这年冬天鲁迅回绍兴度寒假,其间二人自然有一番倾谈,周作人走出家庭的愿望更加强烈,更加坚定。鲁迅显然是周作人了解外面世界的最可靠的渠道,他又是最能了解二弟郁闷心情的人。回南京后他便积极进行,数月之后,周作人接到大哥来信,告知到南京读书的事已经办妥了。

五 洋学堂

周作人到南京进的是江南水师学堂。鲁迅最初进的便是这所学校，后因觉得校中情形"乌烟瘴气"，一年后改入陆师路矿学堂。既然与鲁迅那样亲密，周作人对水师学堂之糟糕，肯定也略有所闻。鲁迅替他活动到这里，主要是因为有位叔祖，他们呼为"椒生公"的，在水师学堂当国文教习兼管轮堂监督，有照应，祖父那里也比较容易说通的缘故。这位叔祖让他来做额外生（"额外生"，就是录取的新生，他们是"后补"的性质，也就是要等正式学生出缺，才能"补"入高一级的班次），并且用"周王寿考，遐不作人"的典故，替他改名为"作人"。

水师学堂的"乌烟瘴气"，周作人很快就领教了。到宁第三天，他即参加了入学考试。考题是作论一篇，叫做"云从龙风从虎论"。复试的题目更有趣，题为"虽百世而可知也论"——竟是典型的八股文题目。周作人的初试，考官给的批语是"文气近顺"，发榜时列为备取第一名。复试未发榜，总之他就这样进了校门，第二年转为了正式学生。

五　洋学堂

江南水师学堂是洋务派人物创办的，洋务派有个著名的口号叫"中学为体，西学为用"，这学堂的形制便颇有中西合璧的味道，机器厂、鱼雷厂、洋枪库等等，当然是周作人闻所未闻的，可紧邻着鱼雷堂又有一座绝对中国特色的关帝庙。关帝庙的所在原本是一个水池，供学生游泳用的，既然是"水师学堂"，学生习游泳很是应该，似乎也见出洋学堂的重视实用技能的训练了，可是因为曾经淹死过两个年幼的学生，校方想到的不是采取防范措施，却把池子填平了，而且依了中国的"国情"，还造了一所"伏魔大帝"的庙——当然是请关帝来镇住水中妖邪的意思。

学堂里的课程也很能体现"中学为体，西学为用"的精神。既为洋学堂，当然与三味书屋是不同了，课程分为洋文、汉文两大类，外加兵操打靶等。英语、数学、物理、化学加上驾驶、管轮一类的专业课都是用英文上的，故称洋文课，每周上五天，另一天则是汉文课了。洋文课与汉文课的比例是五比一，看起来的确很是西化，不过洋文课程都是关于声光电化的，也即"物质文明"之属，至于"精神文明"，涉及个人修养、伦理道德的方面，还是归汉文课。当时的多数中国人已经承认西方"船坚炮利"，物质文明胜过我们，但若说到"精神文明"，那还是中国的一套来得优越。

汉文课的内容从那入学考试的题目我们已可见出端倪。以后的分班考试，堂上的作业，也还是那一套，只是仿佛是"由浅入深"罢了。且看出的题目：分班考试的策论题是"问孟子曰，我四十不动心，又曰，我善养吾浩然之气；平时用功，此心此气究如何分别？如何相通？试详言之"；分班后的史论题则有"秦易封建为郡县，衰世之制也，何以后世沿之，至今不改？试申其意"，"问汉事大定，论功行赏，纪信追赠之典阙如，后儒谓汉真少恩。其说然欤？"之类。二十世纪讲究声光电化的新学堂里弄出这等莫名其妙的题目来，真叫人哭笑不得。不过想一想也是无怪其然的，因为教汉文的先生都是举人秀才出身，过去公认有学问，有资格教书的就是这些人，要有新知识的人，一时哪里去请？何况学堂的方针原就是"中学为体"的。

旧式的教书先生，脑子里自然还是他们熟悉的之乎者也的一套。勉强来些新玩意儿，反倒要闹出笑话，更加地不知所云。有位教师大约是在堂上讲解一篇有些"新"的色彩的文章，见文中有"社会"二字，他不知这是由外来语而来的新词，只知往古已有之的说法里找出处，于是牵强附会，认定说的是古代的结社讲学。这样的笑话当时的新学堂里都少不了。鲁迅所在的路矿学堂要算是好一些的了，而教员居然也不知道华盛顿为何许人。水师学堂则直到周作人离开好几年后，快要到辛亥革命的时候，还有位教汉文的老夫子在言之凿凿地对学生说："地球有两个，一个自动，一个被动，一个叫东半球，一个叫西半球。"整个就是想当然。

如此教师，如此课堂，如此考题，难怪周作人多年后在回忆录里要问现在的读者，了解了学堂里如此这般的情形，"有不对我们这班苦学生表示同情的么？"话虽如此，当时的学生对老夫子那些很难得其要领的考题，也自有一套应付之道。像上面举的那些史论题目，看起来要做皇皇大论，简直是无从下手了，但学生毕竟都是受过八股文训练，在八股文的空气里长大的，知道做文章取巧的法子，做史论，也就是议论文了，反正不过是就了题目正了说或反了说，正了说是顺着发挥，反了说便是做驳论，正了说有正了说的格式，反了说有反了说的套路，就像有现成的公式，能套进去就行。

周作人读过私塾，又曾有中过举的祖父亲授，还参加过县考，现在对付汉文课，不说是小菜一碟，总也是不怎么费力了。他做的论汉高帝的卷子，还大得老师夸奖，发还时就见上面加了许多圈。这文章的起首道："史称汉高帝豁达大度，窃以为非也，帝盖刻薄寡恩人也。"什么"窃以为"云云，当然并非他真有什么心得，只是将别人的话再振振有词煞有介事说一遍罢了。他也并不把老师的夸奖当回事，对这套把戏，他只觉无聊，只不过想骗到些分数，因为骗到高分有些实际的好处：若一年两次考都列在全校的前五名，就可得到不少的奖赏（大约类于今日的奖学金吧），够做回家的一趟旅费，若不回家，则大可吃喝受用一番了。

汉文课没意思，那么洋文课如何呢？

周作人是带着一种对新生活的憧憬逃出旧家庭，离开闭塞的绍兴的。那种天高任鸟飞、海阔凭鱼跃的期许是同他对新知识的期待联在一起的。水师学堂的洋文课讲授的也确乎是些闻所未闻的东西。可数理化之类，大约也就相当于现在中小学里的那些内容，很是普通，学来也不费力，很难刺激起周作人的学习热情，几年学下来，也就是在自然科学方面扫扫盲而已。至于专业课，周作人同样地不感兴趣。水师学堂分为驾驶班和管轮班,学驾驶的人毕业后可以做到船长,学管轮的则顶多可以做到大副,终是船长的下属,这样不同的专业也就有了高下之分,学驾驶者不免趾高气扬,学管轮者则自然是愤愤不平,两个班里的学生常有些冲突。周作人念的便是学堂里不吃香的管轮班,不过他对专业课不感兴趣,倒并非因为有低人一头之感,即使念驾驶班,他也同样会觉得没意思的。

  他从绍兴出来时,对新学堂只有一个模糊的概念,这个概念是与旧学堂对比而存在的。他对新的学问感兴趣,可不管他是否意识到,新学问对他意味着对人对社会对世界的整体的了解,是获取一种新的"常识"(这个词是他后来津津乐道的),而不是什么具体的专业,更不是机械、航海这样的专业。虽然他进了水师学堂,但他肯定没有当真想过自己将来要当一个船长或是大副。中国读书人的理想是治国平天下,救民于水火,或是承传文化,扮演船长、大副这样类于"匠人"的角色绝对是在他们想象之外的。早年的周作人似乎并未表现出那种天下己任的士大夫气,不过他所受的教育,他所濡染的浓郁的中国文化的氛围,在这种氛围中培养出来的兴趣,还是把他推得远离他的功课。

  虽然如此,周作人却把各门功课都应付得很好。每年的考试成绩都不错,总是在前五名以内,只有兵操和打靶不大像样(不了解内情的人或者以为水师那样应算是"军校"的学堂这两项成绩不可小视,实际上那里却是虚应事故,谁也不当真的)。考虑到他因病因事缺课出奇地多,这样的成绩就更应说是很好了。这一方面是由于课程简单，而周作人也许真是"读书种子"，学习起来浑不费力，另一方面也是因为学堂上上下下都在混，学生在混，管事的教书的也在混，管理上一团糟，稍许肯读些书的也就名列前茅了。

要混也真是好混，汉文课照周作人的说法等于休息，午后跑回宿舍去泡上一壶茶，闲坐一阵子再回来也无妨。他到南京一个月后即大病一场，以后又是腿脚肿胀，又是耳后生疽，大病小病不断。祖父周福清去世，他在家住了很久，其后又到绍兴东湖通艺学堂去教了两个月英文，若不是因为学生嫌他英文发音不准导致他被解聘，他还会教下去，而即便这样任意地缺课，对他的学业居然也没有什么影响，这"军校"的纪律真是宽松得可以。

好混，意味着课堂上学不到什么真东西。有些学生对此就很不满，有个叫胡鼎的学生就曾上过条陈，要求改革。周作人也是希望革新的。不过回过头来看，就周作人个人而言，学堂里教学的马虎、管理的混乱对他倒是相宜的，他后来称在水师学堂的那段时间是"自由宽懈的日子"，很有些"怀恋"。如果学校真是严格起来，他就得花更多的时间精力去认真对付那些他所不喜的课程，这对他岂不是苦事？现在这样"自由宽懈"的气氛里，他则有足够的闲暇去发展自己的兴趣了。

很难说周作人是个"好学生"还是"坏学生"：他虽成绩不错，但对功课止于应付，还不时地缺课；他虽说不上勤奋，却并未虚掷光阴，相反，他倒是一个手不释卷的人。似乎从断文识字起，他就进行着两种学习，一种是社会、家庭、学堂里要求的，从三味书屋到水师学堂,都是;一种是他按照一己的意愿志趣展开的,随兴致所至,没有特定的范围,却有一以贯之的线索。对他的人生道路,对他以后的发展更具影响的,显然是后一种学习。那些学堂里的正规课程,他很快便抛在脑后了,而他自学得来的东西却成为塑造他的人生观、他的修养以至他的个性的重要的部分。他虽也可以算是"科班出身",顶真说起来,又应说是个"自学成才"的人。眼下在水师学堂,他就是个在科班里自学的学生。

从三味书屋到水师学堂,没有一位老师让他佩服或是对他产生深刻的影响。如果说有谁对他有过影响,那也不是老师,而是哥哥鲁迅。他初到南京的那段时间里,鲁迅在路矿学堂读书,两所学校相距不远,步行也要不了多少时间,兄弟俩往来频繁。这是二人最亲密的时期之一,周作人偶或往访不遇,即有若有所失的感觉。

鲁迅不断地将一些书拿来给他看,其中特别向他推荐的,则是一些传播着新思想、新观念的书和报刊杂志,这里面就有影响了中国一代青年的《天演论》、章太炎主编的《苏报》等等。对于周作人,这是一个崭新的天地。他很快被吸引住了。以后他又对梁启超主编的《清议报》《新民丛报》入了迷。社会进化的思想,种族革命的观念使他年轻人的血沸腾了,他第一次睁开了眼看世界,第一次知道了他所熟悉的那些旧的学问之外,还有这么些关于社会、历史、人生的新鲜的解释。国家的积弱,清廷的腐败,社会的颓靡,过去他并非毫无感觉,可现在读了这些书报,他有了更加痛切的意识,并由此更增加了对社会现状的不满,生出一种在他身上从未有过的关注社会的政治热情。

带着兴奋而急切的心情,他大量阅读严复翻译的西方思想家的著作,阅读梁启超那些议论风生、慷慨激昂的文章。他发现,这才是他所渴求的新的学问,新的知识,比起课堂上的那些"声光电化",它们更能引起他强烈的共鸣。他在一则日记里说到他读梁启超文章的感受,以为它们"足以为当头之棒喝",读罢他"为之起舞者数日"——兴奋之情,声闻纸上。受到"当头棒喝"的首先是他自己,他显然受到了巨大的震动,因为梁启超所说的一切与他以往得到的教诲相去太远了,而两相对比,后者显得那样陈腐荒谬。他有了一种今是昨非之感,认定像过去那样的生活是毫无意义的。这种对于过去的否定很清楚地表现在他的日记里,甚至他的行文语气,也染上了梁启超式的慷慨激越的色彩,而他否定过去带来的一个最直接的重大举措,则是他坚决拒绝回家参加科举考试。

这是 1902 年 7 月的事,又到了县考的日子,家里来信催促他赶快回去应试,他回信"痛陈利害,坚却不赴"。今天的人看来,这似乎是理所当然,不足为奇的,可在当时,参加科考仍然是不小的诱惑。社会上依然视科举为正途,即使在水师学堂这样的新式学校里也是这样的空气。虽不曾明言,学堂中人意识里秀才似乎比船长大副还是高着一等,周作人同班的一个同学告假去应考,进了秀才,校方就特别褒奖了一番。而周作人若是应试是很有可能考中的,因为他已有了几度进考场的历练,八股文已然操练得颇像样,第一次应试考了个第四百八十四名,后来以"周珠"的名义应试，最好曾考到第五十五名，既然考在四十名以内即可中秀才，他似乎也只有一步之遥了，此次再考，焉知不能更进一步？

但周作人很干脆地拒绝了这诱惑。他对八股文原本就反感，现在受到新思想的洗礼，他更认准了那是非但无益而且害人的东西，他虽然也还有些看不上船长大副之类，但那也比走八股文的路更可取。在日记里他便写过，"宁使人目予为武夫，勿使人谓作得好文章也。"有一天上午上汉文课，又要做八股式的文章，他感到文思不畅，枯坐半天一字未得，午饭后才勉强凑出了一百来字，草草交卷。对此他不但不觉烦恼，反倒有几分高兴："顾予甚喜，此改良之发端，亦进步之实证也，今是昨非，我已深自忏悔；然欲心有所得，必当尽弃昨日章句之学方可，予之拼与八股文尊神绝交者，其义盖如此。"

科举的路决定不走了，对目下的功课又打不起精神，周作人的精力能用到哪儿去呢？他将精力用到外语和文学上去了。学堂里有洋文课，不过让他对学习英文产生浓厚兴趣的却是他的课外读物。一个偶然的机会，他得到了一本英文的《天方夜谭》，那里面稀奇古怪的故事看得他入了迷，他一时来了兴致，想把书里的几篇故事翻译出来，当时的翻译小说都是一半译一半编，他也就照着行事，将《阿里巴巴和四十大盗》换了中国的背景添枝加叶地译出来，叫做《侠女奴》。完稿后他用"萍云女士"的笔名寄给了一家杂志，没想到竟给登出来了，后来还出了单行本。在周作人，翻译故事要比学堂里的功课有趣多了，译了能够发表则更让他来了劲头。此后他又译过美国作家爱伦坡、英国小说家柯南道尔的小说，再往后他觉得单是翻译不过瘾了，干脆自己写起小说来，他以"萍云"的笔名发表了短篇小说《好花枝》，这可能也是他最早的文学创作了。

可是，他在"乌烟瘴气"的学堂之外找到了一片乐地，这却不能完全改变生活的性质，毕竟，这时的翻译、写小说于他不过是兴之所至的消遣，当不得真的。他以后的人生道路将向哪里铺展呢？他还是有些惘然。1902年，鲁迅去日本留学，周作人更有了一种形单影只的感觉，南京的学堂生活也更让他觉得索然无味了。不过大哥的留学日本也给了他一个提示：他也要到日本去，到那里开眼界，学习真正有用的知识。鲁迅到日本后不久就给他寄来一张照片，照片上鲁迅穿着弘文书院的制服，显得很精神，照片的背面有几行题字："会稽山下之平民，日出国中之游子，弘文学院之制服，铃木真一之摄影，二十余龄之青年，四月中旬之吉日，走五千余里之邮筒，达星杓仲弟之英盼，兄树人顿首。"寥寥数语，却分明流露出进入新环境的兴奋之情和天高海阔的豪气，让周作人顿生艳羡之情。第二天，他就到城南为照片配了镜框，悬挂在卧室的墙上。

鲁迅一直同他保持着联系，不时给他捎来一些宣传新思想的书刊，有一次还带来了一张断发的照片，——剪去辫子可不是一桩小事，那意味着鲁迅不做大清的子民了。周作人看了激动万分，对比之下，他对自己的现状更为不满了。他之所以没有很快离开水师学堂，是因为一时也找不到更好的去处，同时待在学堂里有时也会碰上出国留学的机会，这是他的一点盼头。1904年，周作人升入头班,刚过了一年即传来消息,北京的练兵处要派学生出国学习海军。周作人闻风而动,一面要求校方保送,一面上书本省管事的人,竭力争取这个机会。留学的名额很少,想去的人很多,校方摆不平,干脆将头班的学生全部送北京参加考试。这对学习成绩好的周作人当然有利,他没费什么力气就通过了。可还有一项身体检查他却过不了关,因为他高度近视。好在回到南京心情黯淡地过了几个月之后,他等到了另一个机会:一位大员视察离学校不远的炮台,顺道来水师学堂,要考去留学又未走成的学生来见。问了一番话之后那官儿就对手下说:"给他们局子办吧。"那意思就是委一份差事让他们干干。周作人却不想办"局子",说还想继续求学。那官儿想了一想便说:"那么,去学造房子也好。"周作人他们逮着了这句话不放,连忙上上下下奔走催请,一个月后,事情还真折腾成了,他被派往日本去学建筑,秋天就出发。

这一年夏天,鲁迅奉母命回国与朱安女士完婚,此行的另一任务就是带二弟周作人去日本。鲁迅的婚姻完全是家里包办,自己并不情愿,宁愿将其忘掉,就像没有发生,所以婚后第四天他就带周作人上了路。从绍兴到日本,一路上鲁迅都闷闷不乐。周作人的心情则大不相同,他很同情大哥的不幸,另一方面,他告别了五年水师学堂生活,也告别了故乡,就要到一个陌生的国度里去,不免有点离情别绪之外,他也有一种对未来的莫名的兴奋和期待。等待着他的将是怎样的一种生活呢?

◆ 在日本留学的周作人。很多留学生不习惯日本的生活,他则不但很快地适应了这里的一切,而且简直把这里视作了自己的第二故乡。

◆ 一九〇九年下半年，鲁迅归国了。周作人则继续留在日本，此时他已与一个叫羽太信子的日本女子结了婚。图中左为羽太信子，右为羽太重久。

◆ 一九一一年,周作人带着羽太信子回到绍兴;一九一二年,他们的长子诞生。图中前排左一羽太芳子、左二周母鲁瑞、左三羽太信子,后排左一周建人、左三周作人。

◆一九二二年，在鲁迅、周作人的推动下，蔡元培特聘爱罗先珂到北京大学教授世界语。爱罗先珂曾经在周氏兄弟的大家庭八道湾生活。图中前排右三鲁迅，右四爱罗先珂，左三周作人。

最有名觀念小說大抵是悲劇再進一步更求「深刻」便變了悲慘小說廣津柳浪的黑蜥蜴今所心中就是這派

◆ 一九一七年，周作人任职北京大学，图为一九一八年周作人所作《日本近三十年小说之发达》演讲的部分稿件。

六 求学日本

  1906年，周作人到了日本东京，随鲁迅住进了本乡汤岛二丁目的伏见馆，——鲁迅原先就是住在这里的。这是一处中下等的宿舍，许多留日的中国学生都住在这样的宿舍里。与一般旅馆的不同处在于，它不是按日而是按月算房钱，房舍很简陋，用人也很少，只有一两个下女（相当于今日旅馆里的女服务员吧），而且往往是房东的女儿充任的。鲁迅、周作人家境不好，主要靠清政府的留学经费维持生活，也只住得起这样的地方。当时的官费留学生，每年的官费，高者五百日元，低者四百日元，像鲁迅、周作人这样进普通学校的学生，都是四百日元，算起来每月只能领到三十多个日元，若不是下宿便宜，每月的房饭钱顶多只要十个日元，那真是生活都要发生问题了。

  初到异国他乡，目之所接，耳之所闻，都给周作人一种说不出的新鲜感。日本与中国一水之隔，历史上受到中国文化很大的影响，许多中国留学生初到日本，看到街面店铺招牌上都写着汉字，真有恍若未出国门之感，可是两个民族又有那么大的差别，从衣食到住行都不一样。刚刚住下来，日本女性的装束便让周作人好一阵惊异。他在伏见馆遇见的第一个人是房东的妹妹、兼做下女工作的乾荣子，一个十五六岁的少女，为旅客做些搬搬行李，端茶送水的事。其他倒也罢了，最奇的是她赤了双脚在屋里走来走去，浑不在意的样子，而那双不着鞋袜的脚是真正的"天足"哩。当然这是日本的习俗如此，乾荣子的大方也是自然而然的，可对刚刚离开了讲究礼教大防的中国的年轻人而言，这一幕却委实有点刺激性，须知当时中国的妇女普遍缠足，一双小脚包在重重裹脚布里很有几分神秘性，若被人看见，简直就是奇耻大辱。周作人在家里见过的，恐怕只有儿时发生过兴趣的妹妹的脚趾算是天足吧？

后来周作人在一篇叫做《天足》的文章里第一句就写道："我最喜见女人的天足。"在干净的地板上自在行走似乎构成了一个美妙的画面，自然洒脱又洁净有礼，在他的意识中，他在中国生活的经验正是她的反面。不知道他对这位乾荣子是否也生出了类于杨三姑唤起的那种朦胧的爱情，但总之是美好的感觉罢。此后他对日本人的生活，对他们的习俗、文化的好感，在这第一印象中也就打下底子了。

准确地说，日本人的生活和习俗令周作人感到既陌生又熟悉。异国的生活，感到陌生是自然的。居所那样简净，四壁萧然，见不到中国人房子里满坑满谷的家具，地方虽小却不显局促，一张小几就可伏案，几个坐垫便可待客，地上铺席，或坐或卧，无所不可，晚上放下被褥就可睡觉；衣着很随便而舒服，比长衫方便得多，而且踩了木屐就可以满街上走；中国人的饭食要趁热，这里吃饭却是不避生冷的……说熟悉，则是因为这新奇的一切又似曾相识，不独有些地方与他的家乡暗合（比如日本人惯食而多数留学生见了头疼的"便当"，岂不是同绍兴人吃"冷饭头"相通？），而且有好些是中国的古书上见识过的，——唐宋元明清下来，中国人的生活方式已大大改变了，日本人从唐代的中国人那里学了很多东西，许多中国已丢失的习俗在这里倒还保存着。

一个人来到异国，接触到别一民族，有意无意间就会拿它与自己的民族作比较。两相比较，周作人觉得日本人的生活是更合理的，对于他，合理意味着合乎自然。他似乎有足够的理由对日本产生好感，除了个人的性情之外，还因为接触了《苏报》等宣传革命的书刊后，他已是种族革命的信徒了。种族革命是革满族人的命，在当时人的心目中，那便是要回到汉人统治的过去，现在在东瀛依稀看到了唐人遗风，竟是可以发思古之幽情了。

凡此种种凑在一起，令周作人很快喜欢上了日本，很多留学生不习惯日本的生活，他则不但很快地适应了这里的一切，而且简直把这里视作了自己的第二故乡。

当然周作人到日本并非是来欣赏风俗民情的，他乃是来深造，继续（也可以说是开始）他的学业的。按照清政府的派遣计划，他应学土木工程，原先学机械、学航海，身体不行，视力太差，现在转学也属工科的建筑，也还顺理成章。不过周作人注定了同理工科无缘，与课堂学习无缘。他到东京后，进了中华留学生会馆组织的日语讲习班学日语，他原先学的是英语，日语从未碰过，"恶补"一阵似乎是应该的。可他在补习班居然读了三年，三天打鱼两天晒网地听听课，压根也不想"深造"之事。三年过后，因为讲习班是私人性质，毕业了也没有文凭，他才进了法政大学的特别预科，为进大学做准备——在日本，要在预科学校毕业后才能进大学的。周作人进的预科期限是一年，学的是英语、数学、历史等课程，内容浅近，多是在水师学堂学过的，他也就悠哉悠哉，又回到了在南京时那样的情形。缴了一年的学费，十分之九以上的上课时间他都不在课堂上，到学校通知考试了，他才赶去应卯，虽有一门功课迟到缺考，他还是考了个第二名。学校的事务员替他惋惜，说要不是缺考，他很可能就是第一了。他却毫不后悔，反倒正中下怀，因为真要是第一，就要当全班的代表，在毕业典礼上致辞，这种旁人看来也许很风光的事周作人总觉烦人：有时间不如去做自己以为真正有意义的事了。

那么，好几年的时光，周作人究竟在忙什么呢？

事实上，周作人从一开始就没打算学什么土木工程，——那不过是给了他一个来到日本的理由，还在到日本以前，鲁迅在返家省亲完婚之前就在信中说起，在日本后要办杂志，从事文学活动。鲁迅弃医从文的经历是我们已经熟知的，周作人既然一直深受大哥的影响，同时在南京就学时已经表露出对文学的浓厚兴趣，又像大哥一样，相信梁启超的说法，认定文学是改造社会的绝好工具，对鲁迅的主张自然是热烈响应。还在来日本之前，他已经被排在筹备中的文学杂志的阵容之中了。用他自己的话说，来日本"要做的事情第一件是学习日本话,其次是预备办文艺杂志",土木工程这个"正业"好像根本没有位置。

中国派遣留学生到日本,通常都是学理工农医,朝野都认为日本一个岛国而能打败堂堂大清,后来又胜俄国,皆因学习了西方先进的科学技术,留学日本,也是间接地"师夷之所长"的意思。周作人因为个人志趣的缘故,又有鲁迅弃医从文的例子在前,对日本"先进"的所在竟是视而不见,甚至不用像鲁迅那样认真地尝试后再弃之而去。他相信,或者说愿意相信,文学于人生是更有用的。

中国人跑到日本来从事文艺运动,听起来有几分滑稽。其实不然。一则满清治下,根本没有什么言论自由可言,进步人士受到迫害,而日本已经成为反清志士宣传变革、倡言革命的基地,周氏兄弟佩服的梁启超、章太炎等人先后流亡日本,从这里传出的声音对国人有很大影响;二则日本已在融入世界的潮流,对欧美的一切很是崇拜,西方的各种思想在这里都能迅速传播,各种书籍也要比国内容易得到得多,而且差不多很快都有了译本,可以说,它已经成了中国人学习、接触西方的一个便捷的通道。这些条件对鲁迅他们正是必不可少的。

鲁迅为他们拟议中的杂志定名为《新生》,顾名思义,便是新的生命——是借用意大利诗人但丁一部诗集的名字。既然以"新"为导向,当然不是搞传统的旧文学,他们给自己规定的任务是将外国文学介绍到中国来,他们认定,唯有这样的文学才能打开国人的眼界,重新塑造民族的精神。

事情进行得很不顺利，原先参加的是四个人，可是还未办起来，有一个已去了英国留学，答应的稿件不见寄来，更要命的是，办杂志需要钱，鲁迅原指望这人出资的，现在还没开张，资本已然没了着落。不过余下的三人，鲁迅、鲁迅的好友许寿裳，加上周作人，并不气馁，仍在积极进行，做文、译书，一刻没有停歇。

要介绍外国文学，首先得搜集资料。周氏兄弟除了维持清苦生活之外，官费所余的一点极有限的钱都用在了买书上。周作人平日几乎足不出户，终日在下宿里读书，偶或外出，十有八九都是去逛书店。有些书虽很想买，无奈囊中羞涩，只能看着眼馋，有时以较低廉的价格买回了想要的书，那真是喜出望外。每次去书店，少有空手而回的时候，回来时总是袋中空空，与好友相对苦笑："又穷落了！"虽说是叹穷，话里却也有喜意。逛书店是周作人最惬意的时刻，那是工作的一部分，也是最好的消遣。他像鲁迅一样，从小就成了一个真正的爱书人，幼时就将压岁钱拿去买书，以后在杭州陪读，到南京读书，买书始终是他生活中不可或缺的内容。在东京，他同鲁迅把大大小小的书店都转遍了，因书店集中而被称作"书店街"的神田区神保町那一带，更是他流连忘返的所在。两兄弟在买书上从不吝惜，他们生活的费用与买书花的钱全然不成比例。有一次在一家旧书店，他们花了十六元钱买下了一部德文的《世界文学史》，须知这钱差不多等于一个人两个月的食宿费哩！

饶是如此，他们还是有太多的书买不起，毕竟，那点官费太可怜了。于是他们想出了个卖文买书的法子，即是译了书卖给出版商，再以所得稿酬做搜集资料的经费。那时林琴南翻译的小说很吃香，在知识界很有号召力的梁启超鼓吹"新小说"不遗余力，自己也动手译书，一时间译书成风，许多杂志上翻译小说都唱着重头戏，兄弟二人也就想到了这一招。几年的时间里，周作人译了英国哈葛德和安特路朗合著的《红星佚史》，俄国托尔斯泰的历史小说《劲草》，波兰作家显克微支的《炭画》等五部作品计三十多万字。这里面有些是与鲁迅合译，通常是周作人口译，鲁迅笔述，这也是当时人译书常采用的办法。很幸运，第一部书《红星佚史》寄出后不久即被商务印书馆接受了，稿酬二百元钱，在当时不算是小数目了。得到了出版社的通知，还没等钱到手，他们便向熟人通融了一百元钱，首先花去三十，买来了一部英译《屠格涅夫选集》。初次出马即获成功，他们当然很受鼓舞，可惜接下去稿子却卖得很不顺畅，除了《炭画》都未找到买主，真是叫人扫兴。

周氏兄弟译书是为钱，但与林琴南以及赶着搭上翻译小说走俏这趟车的众多译手不同，他们并不以畅销为目标。为能筹到钱，他们选择翻译对象时自然顾及到读者的喜好。比如他们译的都是小说，而且都是情节生动，较具可读性，因为当时小说最好销；比如他们选中的作家有些是已有人译过并且市场看好的，比如《红星佚史》的作者哈葛德，就因林琴南译了他的《迦茵小传》等许多书而在中国读者中很是叫座。然而他们的志向乃是把西方文学的精神完整地介绍到中国，让"异域文术新宗，自此始入华土"，单求好卖，当然是他们不屑的。

鲁迅主张将东欧等弱小民族的文学从速介绍进来，激发国人的反抗精神，周作人是赞同的，所以我们在上面那份书单里看到了波兰、匈牙利作家的名字。即如《红星佚史》，周作人除了看中它可能会有的市场前景之外，也还有他自己的理由：与哈葛德合著该书的安特路朗是以神话学、人类学和关于希腊文学的著述闻名的多才散文家，而周作人对神话、希腊文学早就有了浓厚的兴趣。

有大志向的人与寻常译匠就是不同，在周作人，翻译不是简单的文字转换，刚到日本不久，他就被一本美国人编的《英文学里的古典神话》吸引住了，从中他接触到希腊的神话，并了解了古今各派对神话不同的观点，希腊神话原本引人入胜，他少时对中国的神话就有兴味，现在发现神话还可以做这样新鲜的解释，顿觉眼界大开。由此他对希腊神话、西方的人类学著作产生兴趣，由此及彼，他又广泛涉猎了西方的生物学、性心理学、民俗学、道德观念起源发达史、医学史，以至自然史、妖术史、儿童文学等学科。他比在南京时更加随心所欲地"自学"，其收益也远非在南京的那段时间可比，他接触到的书籍更带有学理的意味，他的"自学"显然也更具系统地获得知识的色彩了。关键是，他吸收了西方现代意义上的学术思想，完成了自己的"启蒙"，并在此基础上形成了一套他对人性、对文化、对社会历史的看法。人类学成了他思考问题的立脚点，英国蔼理斯的《性心理学》一书则为他提供了对人的基本解释。可以说日后他作为一个文学家、作为一个自由主义知识分子关注问题的独特角度、立场在此已经有了大致的轮廓。

不过，表现出他广泛的知识素养是后来的事，眼下他所专注的还是翻译。不谈"事功"，翻译也是他所喜好的。在南京的那段时间他就曾译过《侠女奴》《玉虫缘》及爱伦坡的小说，不过那时是游戏式的舞文弄墨，纯粹是趣味主义。现在则是当作一桩严肃的事业来做，自然不能草率从事。唯有原原本本地了解人家，才能将译介的工作做得地道，周作人深感自己的外语知识不够用，发奋多学几门。好在他对学外语很有兴趣（在水师学堂，英语是学校课程里唯一他觉得有意思的，花了很多时间自学），而且他也善于学习外语，这方面似乎比鲁迅更有天赋，他与鲁迅合作译书，都是他先口述，就反映出这一点。鲁迅回到日本后就开始学德文，他首先当然要学日文，后又转向其他。既然喜欢上希腊文学，又知道希腊是西方文学的源头，他就决心学希腊文；以后从英译本喜欢上俄国文学，他又曾同鲁迅去学俄文。当时的人译书若碰到的是非英文日文的作品，都是从日译本、英译文转译，他们却希望都能直接从原文译，这也就可以见出他们的认真不苟了。

希腊文、俄文都是外语中的冷门，没有多少人愿意去学它们，因为不能"学以致用"，对个人的前程没多大好处。可周作人不管这些，若要尽是世俗的计较，他也不会跑到日本不务"正业"，搞什么无人喝彩又无利可图的文学了。鲁迅当年弃医从文，旁人就很不理解，甚至加以嘲笑，因为既经退了学，学位、毕业文凭之类，自然是鸡飞蛋打了，而科举废止之后，世人心目当中，念洋学堂得学位拿文凭渐已有了洋秀才、洋举人的意味，成了另一形式的"功名"了。真是"燕雀安知鸿鹄之志",鲁迅根本没把这些放在眼里。这一点上,周作人与大哥很相像,在南京时他拒绝了科举考试的诱惑,现在他也不在乎是否有个洋"功名",相反,在他眼里,那些只知谋文凭的人才真是俗不可耐哩。他所在意的是自己的兴趣,真正的学问。所以他不在意学校的功课,但他的求知欲却要比寻常的"好学生"强烈得多,他的"野心"也非一般人可比。

  比如学希腊文罢,他的目标就是要从原文搞出一个权威的《圣经》中译本。在水师学堂时他就听人说《圣经》很有文学上的价值,学英文的人不可不读。他觉得当时已有的译本都不好,而他要像严复把《天演论》译成周秦诸子,林琴南把司各特的小说做得有《史记》的风格那样,将《圣经》译得像佛经一样的古雅。严复、林琴南是译界的巨擘,当时有"并世译才数严林"之说,可见世人的推重,二十来岁的周作人就想着要像他们一样成为一代大师,称得上是雄心勃勃。后来他并未完全走上这条路,而成了散文大家,不过希腊文学一直是他的兴趣所在,三十年代,四九年以后,他两度译这方面的书(当然已不是用典雅的古文,而是白话了,而且成为翻译中的名品),对过去的选择,他则一点也没有感到后悔。

  算起来,周作人在日本六年,拿过的只有预科学校的一纸文凭,"高校"的学位,边都没沾上。可拿过文凭的人多了去了,每年从学校里新出炉的学士、硕士就是一大堆,又有几人能成为像周氏兄弟那样的大家呢?

周作人不问"学业"而重"事业",与他受到中国传统文化中某些观念的影响不无关系。中国传统读书人中有一类型,将文章看成是"经国之大业,不朽之盛事",以为文学、学问比世俗的功名更能垂之久远,他们的最高理想是著书立说,"藏之名山,传诸后世"。周作人年轻时就仰慕的一些乡贤前辈,像俞樾(曲园)、王思任(谑庵)等人,都是看淡功名利禄,而以学问文章为人推重的。周作人骨子里就是个读书人,走这条路似乎是顺理成章的。他立志译介外国文学,一方面是追随鲁迅,以文学为启蒙事业尽力,另一方面他希望成为严、林那样的大家,显然也是把译书当作个人的名山事业来做了。

也许正是因为性情,因为看重修成一己学问的缘故,他身上有一种传统读书人的清高,不免以为读书做文才是更有意义的,而对那些实际的社会政治活动则有意无意间有些不屑。我们一直在说他在闭户读书,其实他身边的空气并不那么安闲平静。这时东京的中国留学生中革命气氛高涨,单是参加同盟会的就有五千人,许多著名的革命家都在日本活动,酝酿推翻清王朝。鲁迅秘密参加了革命团体,他们的住所常有人来往,一些逃亡到日本的革命者也在那里暂住,时常谈论国家大事。与鲁迅比起来,周作人对群体的活动不是很热心,逢到人们畅言革命的场合,他也参加,但总是一言不发,保持沉默,好像有几分疏远,给人的印象是十分高傲,像一只昂着颈子的鹤,鲁迅因此给他起了个绰号叫"都路"(日语"鹤"的译音)。

不过在以文学从事启蒙这方面,周作人仍然是鲁迅忠实的追随者。筹划中的《新生》未降生就夭折，但他们的文学活动还是留下了痕迹：鲁迅和他写的一些文章在《河南》杂志上发表，他们的译作则得了一个机缘，结集为《域外小说集》出版了。译文集中，周作人所译占了大半，可见他的尽心尽力。

《域外小说集》的出版在中国翻译史上有特殊的地位，因为这里的译法是全新的。此前国人对西方小说的翻译大多是林琴南式的，严格地说起来只能叫编译，译者并不是一字一句地照译不误，而是译其大意，而且任意对原文做增删，一半是译，一半是自己的创作，有时还照顾国情，将原作改得面目全非。林琴南译的《迦茵小传》就将原作后半部尽皆删去，因为后半部写到女主人公有了私生子，在林看来，那是与三纲五常的道德大相违背的。周氏兄弟早先也是类于林琴南那样的译法，可是后来他们觉得这样的翻译模糊甚至歪曲了原作的面目，所以他们定下了新的原则，那就是直译原作，宁可冒犯中国读者的阅读习惯，也要存真，决不把外国人的小说弄得有几分像中国人写的。这里面有着他们独到的理解和追求，即外国文学的精髓往往就在那些与中国传统文学不同的地方，因此不是要模糊其与中国文学的差别，而是要将其充分地传达出来，这样国人才能从这差异中学习别人的所长。

可惜他们有点超前了，那时的读者还不能接受他们的"直译"。他们原先的计划，是待到书卖出去收回本钱后，再出第三册第四册，如此不断地进行下去，将各国的名家都介绍个大概。不料《域外小说集》出版后过了半年，第一第二册加在一起，总共只卖出四十一本，计划自然也就搁浅了。至此，他们从事的文学运动可说是失败了。此事给了鲁迅很大的打击,他是个富于理想主义激情的人,原本寄托了很大的希望,正因嘱望之切,落空之后也就特别的失望。周作人对这结果则是很平静地接受了,因为他没有鲁迅那种"我以我血荐轩辕"的强烈的社会责任感,同时性情恬淡,那种读书译书的平静学者生活本身就给他一种满足。

虽然失望,鲁迅却未轻言放弃,他原准备在日本继续从事文学活动,或到德国深造,可家里的经济情形渐渐地已经不允许了,母亲来信中说到家中的困难,希望他回去挣钱养家。这样,1909年下半年,鲁迅归国了。周作人则继续留在日本,此时他已与一个叫羽太信子的日本女子结了婚。1910年12月,他同羽太信子搬到了麻布区森元町,那是个小市民杂居的地方。做了日本人的女婿,生活在日本人中间,他周围的日本气味更浓了,为了把日语学好,他读了大量的日本文学,由此对日本文学、日本文化有了更多的了解,也更为依恋,日本的文学、日本的文化、日本人的生活方式在此后漫长的生命路途中成了他的一个无法摆脱的情结,影响到他写作与生活的方方面面。

婚后的周作人生活没有多大的改变,他仍然是留学生的身份,仍然有一搭没一搭地到学校里上上课,当然更重要的还是,仍然在继续着他自己的学习研究——一种典型的宁静的学者生活,虽然清苦,他却是悠然自得,乐在其中。可母亲与鲁迅却一再地催促他回去了,因为家里的田产已经卖光,无力维持他继续读书,而结婚以后,因为羽太娘家属平民阶层,生活拮据,鲁迅那一边还要不时接济,实在是不堪重负。周作人曾表示,他还想在日本

"略习法文",鲁迅何尝不想满足他所器重的弟弟的意愿呢?可这次他也没办法了,只好再三解释家里的情形。周作人太贪恋日本那种自在悠闲的生活,一想到养家谋生之类实际的事物,就觉厌烦。他一直延宕着不肯回去,鲁迅看劝不动,只好亲到日本促驾。这下无法再拖下去了,1911年,周作人在大哥"挟持"之下,终于带着羽太信子极不情愿地归国,回到了绍兴。这一年,他26岁。

七 归来

还在日本时，鲁迅给他的信里就劝他正视现实，现实是学法语当不得"米肉"，此番归来，当务之急自然是赶紧承担起养家的责任。可是在绍兴，周作人这样留学归来的读书人，又不可随便找份"打工"的活，一时很难找到一份合适的工作。而且说实在的，他也实在不想去谋什么事。他是很不情愿地被大哥"挟持"回来的，在日本那种悠闲自在的生活骤然被打断了，他不能适应，有很长一段时间闷闷不乐。

离家六年，中间他一直没有回来过，似乎也不怎么思念故乡，他到南京读书就是因为不能忍受家乡窒闷的气氛而决意"逃离"的，从那时起到现在，故乡也许偶或唤起他零星的甜蜜记忆，可如果一实际地想到她，则又变得阴暗压抑，令人烦恼了，因为和她联系在一起的是对家的义务、责任，是令人不快的现实，而这些正是他想忘却想回避的。所以，他没有一点游子归来的兴奋，要说有什么感触的话，那就是无论家还是故乡，都令他失望——虽然他并没有抱着多么大的希望。

七 归 来

家里是更加地破落了，台门前灯笼上"汝南周"的字眼依旧，可屋上瓦楞间的茅草长了好高，白墙不白，黑瓦不黑，混作一片混沌的灰暗，像是一幅褪色掉彩的画；绍兴似乎也被灰的色彩笼罩着，萧条的街景，敝旧的房屋，衣衫褴褛的人们脸上是呆滞麻木的表情……没有一点生机，周围的一切似乎是死水不波。他回来就是要面对现实的，可是他不知道在这里他能做什么。

如果说故乡过去就让他不能忍受，那么衬着刚刚结束的在日本的悠闲自在的生活，眼下的情形就更让他心灰意懒。刚回到家没多久，不期然而然地，他倒开始想念起他的第二故乡日本了。周作人记忆中美好的一面总是同一种诸事不烦、闲适自在的生活情调联系在一起，一天翻书发现在日本时写的记述秋日钓鱼的一篇游记，更添了怅惘之感，他自己也疑惑："宗邦为疏，而异地为亲，岂人情乎？"可感觉这东西是没法规定的，他瞒不了自己，也不想回避，相反，他不胜低徊地咀嚼那滋味。他将游记重录一过，加上一则附记，记下"虽归故土，弥益寂寞"的感受，又题一首诗道："远游不思归，久客恋异乡，寂寂三田道，衰柳徒苍黄。旧梦不可道，但令心暗伤。"

不论怎样"心暗伤"，日本是回不去了。要排遣心中的烦闷，他只能寄情于书本。周作人早已将自己的生活与书融在了一起，书中没有"黄金屋"，没有"颜如玉"，却比那一切更重要，除了联着学问事业之外，对于周作人，读书还是安抚心灵、平息烦恼的最好的法子。书里的世界显然要比身边的种种更令他惬意，也唯有读书，似乎才能让他感到眼下与在日本的那种生活总算保持了某种延续。在很长一段时间里，他闲居在家里，几乎足不出户，终日与书为伴。

可能是太沉湎于自己黯然的心绪，太耽溺于书的世界，外面发生的天塌地陷般的大事也没能把他给惊动。他是1911年9月到家的，这一年的10月10日，武昌爆发武装起义，各省纷纷响应，清王朝眨眼间土崩瓦解。很快浙江光复，绍兴光复了，有反清思想的人纷纷卷入到革命浪潮中。那段时间同样感到苦闷，在家里抄古书的鲁迅仿佛也看到了希望，坐不住了，他参加群众团体越社的活动，被推为主席，提议成立武装演说队，宣传革命的意义，维持地方的治安。待革命军进城，他又兴奋地组织人去欢迎。周作人则表现得很消极，依旧抄他的古书，上面提到的那首叹息"旧梦"难再的诗就是革命军进城的那些日子里写的。他对外面的情形全不知晓，甚至没兴趣到街上去看看，以至于晚年回忆录里写到这一段时，就只好借助弟弟周建人的回忆文章了。

当然面对如此的巨变，周作人不可能真正无动于衷，毕竟，他也是个有反清思想、对社会现状强烈不满的人。只是他习惯了扮演冷眼旁观而不是积极投入的角色，总是与实际的革命活动保持着一段相当的距离，又不肯"兴与人同"，人云亦云，相反，对时流的见解他总是有几分不屑的。鲁迅戏称他像一只高傲的鹤，也正是说他这份距离感和孤高。他也真有一双"冷眼"：辛亥革命几乎是在一夜之间即大功告成的，即使对于革命党以及倾向革命的人，也显得非常突然，但这"突然"只是让他们喜出望外，而周作人的"冷眼"却让他看到事情的另一面，他相信正因其来

七 归来

得太容易,也就潜伏着危机,——绝没有速成革命的便宜事。革命党里的很多人他都知道的,像那位在日本时到他居所来过,人称"焕强盗"的陶成章,像那位绿林出身,此番领了革命军进绍兴,做了都督的王金发,这些人闹革命他当然赞同,可是他们身上的权力欲、江湖气却让他畏惧。在日本时鲁迅、许寿裳等就一起议论过,"假如焕卿一旦造反成功,做了皇帝,我们这班老朋友恐怕都不能幸免",周作人像他们一样,直觉到这些人并无真正的现代思想,容不得不同的声音,他们上了台,也许是另一种专制吧?凭这样一些人闹革命会有好的结果吗?周作人很怀疑。反对满人的统治在他是不言而喻的,可在日本的这些年,他已更多地受到现代思想的洗礼,反清已经不再只是将满族人赶下台,而是要结束封建专制,如果只是以一种专制代替另一种专制,那汉人的统治又比满人的统治好得了多少?岂不是"换汤不换药"?

他于人生得来的经验,他的气质,他从中外文化传统中受到的影响,使他对人生、社会皆有一种悲剧感,没有什么事情可以让他轻易地乐观起来,一边过着自在的书斋生活,一面那忧患的意识一直伴随着他。那些哀感的诗文,那些对社会、人生阴暗然而冷静透辟的观察特别容易引起他的共鸣。他对波兰作家显克微支的小说《炭画》特别欣赏,很重要的原因即是它描写了一个"维新"的村子如何被喊新口号而实为争权夺利的"凶顽"把持,以致酿成悲剧的故事,因其"维新"实为"挂羊头卖狗肉",那村子就被叫做"羊头村"。周作人对中国的历史与现状太熟悉了,他预感到,倾向革命的人所抱的幻想十有八九要破灭,这种看上去轰轰烈烈的革命带来的结果,也许只是造成许多中国的"羊头村"而已。

周作人已经不止一次地领略过失望的滋味。他对日本的好感前面已经说过,除了人情风俗之外,他显然也觉得日本是个比中国更开明更人道更有希望的国家,可是在离开日本前一年发生的对"大逆事件"的裁判与执行,却使他的日本梦褪了几分和悦的颜色。这是多年前的一桩罪案,日本政府因疾视那些鼓吹激进社会变革的人,借了一次谋杀天皇的事件(即所谓"大逆"),将许多与本案并无牵连的人一并逮捕法办,而指幸德传次郎为主谋,其实幸德被捕的真正原因却是他是宣传变革思想方面最有号召力的文人。审理的结果是,二十多人不问首从,全部处死。这是震动日本朝野的一件大事,周作人也深受刺激。日本自明治维新以来一直模仿西方的民主,却竟有这样诛杀异己,钳制言论自由的事发生。他所喜爱的一位日本作家永井荷风在事件发生一年后写道:"现在虽云时代已变革,要之只是外观罢了;若是以合理的眼光一看破其外皮,则武断政治的精神与百年以前毫无所异。"周作人对这段话自有强烈的共鸣。

然而尽管大受刺激,那到底是别国的事情,他不过是客居,插不上嘴,也没有迫切感。眼下故乡发生的一切却真正是切己的了,虽然说起来是"宗邦为疏,异地为亲",虽说他对中国的事情原没有抱多大的希望,这里毕竟是他植根的地方,何况周围的人天天在奔走、谈论,鲁迅和那位因他的名篇后来被许多人熟知的范爱农,就几乎天天在周家议论时局,周作人终于坐不住了。

1912年1月18日，他在创刊不久的《越铎日报》上以"独应"的笔名发表了《望越篇》，其后又有《望华国篇》，都是分析时局的政论文字，其中固然有对革命胜利的欢呼，可更触目的却是对"革命尚未成功"的急切的提醒，是对"顽迷之民，不知不觉，坐令覆辙屡践，长其罪恶而重其耻辱"的沉痛。与到处皆是的乐观的调子一比，他的文章自有一种"逆耳"的意味，也正在这逆耳的声音里，体现出他的冷静与深刻。

周作人的预感不幸很快就证实了。远的不说，绍兴城光复后热闹了一阵，很快就一切照旧，王金发进城后不多时即被旧乡绅的势力包围，革命政府变作了旧式衙门，一班人只知谋官谋钱，王本人也渐显出独裁的味道。周作人发表文章的那家《越铎日报》是鲁迅的学生办的，鲁迅用"黄棘"的笔名写了发刊辞，说明报纸的宗旨是"纾自由之言论，尽个人之天权，促共和之进行，尺政治之得失"，显然是要对革命尽尽"言责"。报上多有对当局的讽刺，甚至连王金发也讽刺到了。逆耳之言岂是新专制者愿意听的？王金发于是派人送来五百元钱，想堵了口了事，后见收买不成，山大王的脾气发作了，扬言要将办报的人枪毙，最后是报社被捣毁。这岂不是一个具体而微的"大逆事件"？周作人并非热心办报的人，可他由对时局不闻不问到终于在这报上写文章，总还希望自己能起作用，现在这样的情形，越发要让他生出"说了也白说"的悲哀了。

国事一团糟，家事呢？周作人和羽太信子婚后关系似乎还不错，特别是衬了鲁迅那桩完全为了母亲的婚姻，他多少是可以自慰的了。羽太信子离开日本时已经怀孕,此时分娩在即,母亲与妻子语言不通,他担心照料不周,就请信子的妹妹芳子前来陪伴,其时芳子才十五岁,由其兄羽太重久从日本伴同,他则特到上海把他们接到家中。家里的日本空气更浓了,他没想到芳子自此一直在中国待了下去,后来与弟弟周建人结合后又离婚,没想到羽太一家人后来会对他的生活方式以至人生道路产生微妙的影响。那时他是感到宽慰的,因为芳子的到来使初到异国就要经历生产这样的大事的妻妇减轻了思乡之苦,芳子的活泼天真也使得家里的气氛更和谐了。

1912年5月中旬,羽太信子生下了一个男孩。这不仅对周作人,对整个周家也是件大喜事,因为鲁迅婚后与朱安一直分居,没有孩子,这是周家的第一个男孩。母亲自然是高兴,周作人虽说未必还有老辈人那种传宗接代的思想,但周家有了下一代,毕竟是高兴的,何况孩子的到来还可使他稍稍排解郁闷的心情。

这时的周作人已经得到了回国后的第一个职位:民国政府成立后,沈钧儒被任命为浙江教育司司长,他任用了一些日本留学生,经人介绍,他请周作人担任教育司某科的科长,后又改任省视学。周作人因信子生孩子,一直待在家里,数月后才到杭州上任。说起来,他也是中华民国最早的一批公务员了,不过他对他的职务显然不热心,要不然也不会因妻子生子这样的理由而迟迟不来上班。既然他对革命后的情形感到悲观,他当然不会以为他在这机关里能干出什么名堂,而且那种"案牍劳形"的繁琐事务也与他的脾性极不相合,所以还要谋这个差事,不过是为生计罢了。

七 归来

故此周作人的工作表现,很像是消极怠工。视学的工作应是常在外面跑,督导各学校教学,却并不见他下去;他因到得迟,一时也没法给他安排办公的地方,他则乐得不上班,待在住处终日读书,往往看得倦了,便躺到床上去读,古人是把"卧读"当作一大享受的,他有一位在日本时的朋友,现在的同事,后来也因倡导新文化而出名的钱玄同,因此就戏称他是在"卧治"——躺在床上做学问——他觉得很妙,晚年就很幽默地将他这段在杭州的生活叫做"卧治时期"。

八 告别绍兴

"卧治时期"持续的时间并不长,因为他发了疟疾,环境太差,一时也治不好,于是他便告了假回家了。他的第一次任公职便这样结束,拿了一个月的薪水九十元钱,先就去买了一部朱笔套印的《陶渊明集》,这就是这段生活的纪念了。

1912年总算安然过去,周作人不抱希望的"中华民国"居然也还立住了脚。可这时袁世凯篡夺了大权,一个更黑暗的时期来临了。1913年春,宋教仁被暗杀,宋主张与袁合作,是国民党里态度最温和的人物,连这样的人袁世凯也不能容,民国还有何希望可言?很少在日记里记政治要闻的周作人记下了此事,他的悲观似乎被更加确凿地证实了。这以后是二次革命失败,袁氏的独裁愈演愈烈,先是终身总统,随后又想当皇帝,发起筹安会的帝制运动,大搞特务统治,消灭异己,将一个中华民国弄得乌烟瘴气。周作人虽在远离政治中心的小城,却体味到那压抑窒息的气氛。

从杭州回来后的几年间,他一直在教育界做事,一面在浙江省立第五中学教外语,一面担任县教育会的会长。绍兴教育界的情形并不好到哪里,第五中学即先前的第五师范学校,鲁迅做过校长,因当局根本不重视教育,校中一些人又多是些嫉贤妒能、只知谋一己私利的宵小之辈,鲁迅实在不愿待下去,遂应蔡元培之邀,到南京教育部去任职了。鲁迅的好友范爱农也曾在该校做过学监,因受那班人的排挤,又不愿同流合污,与之为伍,最终也是离开,不久以后即郁郁而终。鲁迅在《哀范君》一诗里有"狐狸方去穴,桃偶尽登场"的句子,说的就是绍兴教育界乌烟瘴气的情形。周作人自己作的挽诗《哀范爱农先生》中也有"傲骨遭俗忌,屡见蝼蚁欺"的句子,表示愤怒与不屑。现在教育界的情形还是如此,学校或教育会里,大多还是他们鄙夷的那些人,周作人却要与这些"蝼蚁"共事,加上目下这压抑的气氛,又能成什么事?可为了谋生,也只好与之周旋。他自我解嘲地说,那几年在会长任上,他扮演的就是一个"桃偶"的角色。

既以"桃偶"自喻,他的消极态度也就可想而知。但教育会长一职有五十元钱的津贴,于家里的生活很是需要,而光拿钱不干事未免说不过去,于是就办了一份《绍兴教育会月刊》。他对教育原本并不是无话可说,鲁迅当校长那阵子,曾同当小学校长的周建人一起,对绍兴城里的小学教育情况做过全面的调查,发现许多适龄儿童不能入学,于是三弟兄一起写了《维持小学之意见》一文,发表在《越铎日报》上,文章署名是周树人、周建人,而起草者则是尚在家闲居的周作人,鲁迅只在他的底稿上做了个别地方的修改。文中申述通俗教育的重要,呼吁组织区学,造福地方。周作人的主张,自然也是如此。此时做了会长,办了刊物,客观上也需要发表些意见了，于是便有了一批有关教育的译著。他的《儿童问题之初解》将儿童视为"未来之国民"，力陈儿童教育的重要，与上面提到的文章有相承处。这固然因为一个县这样的地方教育多半是以小学为主，属儿童教育的范畴，另一方面则因周作人自己对儿童问题一直很有兴趣。在学校教书，他可以视具体的情况而敷衍，写文章做研究他的态度就有些不同，一定要将个人的兴趣放进去他才能持之以恒。

他对儿童问题的兴趣是理论上的思索，他希望能够建立起一种对儿童的新的概念。这新概念的背景当然是他在日本时接受的一些西方学说。中国的传统向来"重老而轻少"，从不关心儿童的意愿，周作人则要求将儿童当作有意志的"人"来对待，要顺其自然地发展他的天性，尊重他作为个体的意志。事实上，周作人一直关注"人"的问题，他像鲁迅一样，以为民族复兴的关键首在"立人"，——这个"人"是健全的有个性的"人"，不是专制体制造就出来的群氓——，儿童问题正是"立人"这个更广大的问题的一个方面。由儿童教育，他后来又转向了童话的研究，并且发起征求绍兴儿歌童话的活动，因为要让儿童天性顺其自然地发展，首先要知道这天性是怎样的，而童话正是一面镜子。

对于一个县的教育会，也许制定具体的政策，采取一些具体的办学措施，才更是当务之急，像童话研究、征集儿歌之类关乎"义理"的探讨似乎是太玄远了。可周作人的兴趣更在理论，他在教育会长任上，像《维持小学之意见》中组织区学那一类的建议倒没有了。他搞过小学教科书的审定，也亲自主持过绍兴县小学校成绩展览会,并在一篇文章中对展览中那些反映出儿童率真天性的课外手工、美术作品大加赞赏,也算是对自己教育思想的某种实践,但他对这些具体的事务性工作心底里是不大重视的,他把它们都叫做"公事",相反,在教育会刊物上发表的那些研究文章,虽也属工作的范畴,但因已纳入到个人的思路之中,他就称之为"自己的工作"或"私人的事"。外人看来也许是一回事,他则将二者区分得很清楚:"公事"是尽义务,可以应付,"自己的工作"则要投入,因为那是真正有意义的。在他看来,这也就是"职业"与"事业"的分别吧?

这一时期他"自己的工作"还包括译介外国文学、刊刻《会稽郡故书杂集》、搜集金石小品等等。翻译是在日本的工作的继续,其他两项则都与鲁迅有关:《会稽郡故书杂集》是鲁迅辑录的绍兴乡贤前辈的著作,周作人回国后即帮助鲁迅翻看古书类书,抄录、校对,这时鲁迅已在北京,又是他联系刊刻,委实花了不少心血,所以鲁迅执意要署上周作人的名字,将该书看作兄弟二人合作的产物。至于搜集金石拓本,多少也是因为鲁迅的影响,鲁迅有过一段时间热衷于这一类的搜集,因那原是有意思的,所费又不多。

《会稽郡故书杂集》是鲁迅辑录而由周作人去张罗刊刻、周作人翻译的作品,有些则是经鲁迅张罗而得以出版,比如《炭画》就是如此。两兄弟真有点"二位一体"的味道。最有趣的是,鲁迅最早发表的一篇文言小说《怀旧》也是由周作人寄出,登在《小说月报》上。这小说是鲁迅1911年写的,写革命前夜的情形,就以相邻的富翁为原型，很有讽刺意味，与当时发生的事情正是同步。写好后也就搁下了，甚至也没有题目，周作人则在事隔两年后找出来抄好，加了题目并署了"周"的名投稿。"周"通常是周作人常用的笔名，所以很长时间人们不知《怀旧》出自鲁迅之手，总以为《狂人日记》是他的第一篇小说。周作人的"冒名顶替"却不是要将小说据为己有，他们兄弟二人那时的情形实在便是这样不分彼此的。周作人差不多与鲁迅写《怀旧》的同时，自己也写过一个短篇小说，题为《黄昏》，是以留学日本时的一位熟人作原型，但他倒没有将自己的这一篇寄出去，因为觉得比不了《怀旧》，自己不满意，故虽也修改誊抄好了，后来还是收起不提。——周作人此后再没写过小说，所以这也是他唯一的尝试了。

　　光阴荏苒，几年的时间过去，周作人对家乡的生活已由初回国时的不适应到渐渐习惯了。教教中学里的课程，自然不在话下，教育会长的职分，因为毕竟是闲差，他也应付裕如。译书，做自己感兴趣的研究，搜集古物沉潜含玩……他似乎又回到了从前的生活节奏，悠闲平静，从容自在。日子就这么过下去么？他在东京时过着类似的生活并未想到改变，现在呢？有一点是不同的，那时他是学生的身份，不论怎么说，学生似乎意味着事业还未真正开始，那是预备的阶段，现在他则已过而立之年，也已在社会上混了多时了，要干事业，应该已见端倪，而他虽说并非"老大无成"，但从来没有把眼下所做的一切看作安身立命的所在。

周作人性情温和，似乎是个可以随遇而安的人，可骨子里对自己的学问见识却是相当自信，而且也想有一番大的作为，虽说他对未来并没有一个清晰的想象，可就这样下去，同周围的人一样，泰然地做一个地方知名人士他是心有不甘的。不知他是否有过一种建功立业的迫切感，总之就在习惯了绍兴的生活之后，他又慢慢对自己的状况感到不满，用他的话说，是"在绍兴住得有点腻了"，"腻"当然同小地方的闭塞有关，不谈事业在"预备"与当"开始"心理上的不同，东京的气象也不是绍兴可比的。

他两度离开家乡，到南京，去日本，都同鲁迅有关，说鲁迅为他铺好了路也无不可，这一次想到的是去北京谋发展，也还是因为鲁迅在教育部任职。最初是想去找份科员之类的差事，因那时正值袁世凯气焰嚣张，北京的气氛很压抑，事情也就搁下。直到两年以后，周作人才等来了一个机会。这是1917年，袁世凯的皇帝梦已经破产，袁本人也死了，国内的政治形势虽未有大的变化，文化教育界却有一件对日后中国有深远影响的大事发生，那便是蔡元培出任北京大学校长。蔡元培是前清翰林，后成为光复会首领，国民党元老，有旧学问的根底，又留学德国，接受了西方现代思想的洗礼，此番出掌北大，雄心勃勃，锐意改革，希望建立起一座现代意义上的大学。改革的一项重要内容，便是新的课程设置。添加的课程中，有一门希腊文学史和古英文，蔡元培接受鲁迅好友，其时也在教育部任职的许寿裳的建议，请周作人担任。希腊文学一直是周作人喜爱的，古英文他也曾因好奇下过功夫自修，那时都是出于个人兴趣，绝然想不到什么"学以致用"，这时却成了他进入高等学府的契机。既合志趣，又是不错的职位，对周作人而言，这要比到什么部里做个小官好得多了，从鲁迅的来信中得知这一消息，他一定有望外之喜。与鲁迅书信往返商讨了几次之后，北行的事便定下了。

与头一次离家时的情形不同，这一次他的心情要平静从容得多。二十岁往南京念书时，他"逃离"家乡的冲动是那样的强烈，家里的那种旧式生活以及他的处境简直令他有一种"是可忍孰不可忍"的愤然，他的离家是一次急不择路义无反顾的"出走"。此番北行，"冲动""出走"这些带有强烈感情色彩的字眼都用不上了，他对机会的等待、选择当中包含了更多的理智和审慎。毕竟，他眼下的境况不像当初那样糟糕，因为在绍兴已有一定的根基，他似乎是进可攻退可守的。同时，年岁加长，对人生社会有了更多的阅历，他已经不复再有当年的狂躁不安，对未来的考虑不再是朦胧的憧憬，而要稳健周全多了。

但要离开熟悉的生活，去到北京那样一个全然陌生的环境，心下不起一点波澜是不可能的。行前他已经隐隐有一种预感——此次的离去也许是他人生的重大转折，不像到南京、日本念书，那都是过渡性的，这一次显然是作长久计，也许这就是永久的离开了。

仿佛是要证实这种预感，在周作人早年生活中出现的旧人此时一一隐去。那位将他弄到南京读书，曾为水师学堂管轮堂监督的椒生公恰在他行前去世。这位叔祖头脑顽固，特别讲道学，周作人他们背后给起了个诨号叫"圣人"，不想年近古稀，"圣人"

突然变得好色，竟至做出扒灰的勾当，弄到死后家中人都借口躲开，只剩下周作人等几个疏远的本家在场送殓。周作人起程的那天，正值椒生公的"五七"，中午去拜祭，傍晚就上路了。路经宁波，他还去访了儿时的玩伴伯升叔。伯升叔从小和他在一起读书，在南京的几年也一直在一起，两人关系很好，他的婚姻是周作人的母亲做的主，他虽不情愿却还是服从了，以后的家庭生活很不如意。这次周作人访他，当然是行前作别的意思，不想也就成了二人最后的一面，第二年他就亡故了。

周作人是善感的，他对故乡有一种混合了不满不屑又不无留恋的复杂情绪，长久的置身其中他不能忍受，一旦别去又有几分怅惘，毕竟这是他熟悉的生活，毕竟他往昔很长一段时光是在这里度过的。对于他，椒生公、伯升叔这些旧人代表了往昔的生活，向他提示那种生活特有的一种空气，不论是爱是憎，这些人的命运都令他生出人生的感慨。现在这些与他生活有过很大关系的人从他身边消失了，这是否意味着他与故乡旧式生活的牵连将就此结束，一种全新的生活就要开始了呢？

九 教书北大

1917年4月1日晚上，周作人到了北京。他是到北京来施展抱负的，到后第三天他就往北京大学访蔡元培校长，接洽教书的事。

　　周作人早就知道蔡元培其人。蔡是绍兴人，长他十几岁，应算同乡前辈，既然蔡是清光绪年的进士，在家乡当然是大名鼎鼎。周作人幼年读书时就翻看过蔡元培准备科考的朱卷，也就类于今天读作文的范文罢，当时虽看不懂，却留下了"奇特"的印象。在南京上学的那段时间，蔡正计划在家乡办学务公所，托人请他帮忙，他因不想休学而谢绝了。1916年蔡元培回绍兴，曾到新台门访其时正做教育会长的周作人，周作人第二天又去回访，还两次去听蔡的演说。

　　周作人对蔡元培的道德文章都是佩服的。蔡民国元年在南京任临时政府教育总长时，停止了祭孔，出掌北京大学后又废去经科，正式定名为文科，这都是非有过人的胆识不办的事：孔夫子千百年来一直被尊为"至圣先师"，要拆了他的香火，简直是冒天下之大不韪；至于经科，那是将四书五经当作宗教的教义来读，向来被视为最高的学问，现在改为文科，那就不是读经，而是文史知识的学习了。单凭这两样举措，像周作人这样受过新思想洗礼的人也就感到由衷地佩服。事实上若不是他废了经科，改为文科，也就没有周作人进入北京大学的机会。至于蔡元培待人的恳挚，礼贤下士、虚怀若谷，则从他这样做过总长的人登门拜访区区县教育会长的周作人，也就见出一斑了。蔡元培既对周作人有所了解，与鲁迅、许寿裳又关系不错，不管是论公事还是论私谊，周作人一定会想，同他共事，在北大教书，当是愉快的。

不想那一天适值蔡元培不在学校，也不在家里，周作人跑了许多路，在两处都扑了空。好在回到住所蔡已有来信，约好第二天在家相候。糟糕的是他首先让周作人领略的不是愉快，而是不快：因为是在学期中间，不能添开新课，只好委屈他先上一点预科国文作文之类的课。周作人一听之下大为丧气，他以为事情已是板上钉钉了，不料却生出枝节，他是预备来做大学教授的，教预科则差不多是在教中学，更糟的是他对教国文作文既无兴趣也无把握。总之一切与他的预想相差太远了。虽然蔡元培极力劝他屈就，他见蔡那样诚恳也不好一口回绝，答应再加考虑，可是回来的路上他已打定主意，准备在北京游玩几天就回绍兴。

那几天心情郁闷，游玩也无很高的兴致，挨了六七天，便去北大向蔡元培请辞，顺便告知不久南归。之所以要等上几天，想来也是表示做了慎重考虑的意思。在校园里，他遇到了这时被蔡校长请来，已在学校里任教的陈独秀和沈尹默，二人都是初见，也都劝他留下，但他太失望了，去意已决，遂婉言谢绝了。

十几天前，就要从家里起程的前两天，绍兴的十四位同事在快阁给他饯行，现在没隔多久，他又要回去了，回到家乡，是否又得给他接风？这算什么事？可周作人并未去意徘徊。事情仿佛已成定局，他在北京的事业还没开始就要收场了。他还要在绍兴长久地等待新的机会吗？人到中年，又经历了这一次的打击，下一次他怕是不会"轻举妄动"了，那么，有可能就此株守家中，过一辈子退隐的学者生活？世事难料，人生难料，真还说不定。

幸而去北大请辞的第二天，他收到了蔡元培的信，信中提出了一个变通的法子：请他暂在北大附设的国史编纂处任编纂，月薪一百二十元。国史编纂处的前身是国史馆，乃是修国史的机构，现在因政府紧缩开支被裁撤，改归北大接办，请了几位历史家做研究，另设置编纂员管理外文，周作人的职责便是搜集英文资料。显然，在这里编纂员是次要的角色，做的是辅助的工作，不论是地位还是收入，与周作人原先的期望仍有不小的距离。但蔡校长情辞恳切，而且图书馆里没有多少东西，这个位置可说是专门为他而设，如此挽留，再推辞似乎有些说不过去了，何况大老远跑到京城，一事无成地回去，又做什么呢？于是他答应了。

蔡元培一再挽留周作人，里面多少有些歉疚的意思，更因为他要将北大办成现代化的大学，实行"古今中外，兼容并包"的方针，需用各种各样的人才，有新思想新知识的人是最难得的，而他知道周作人是个真正有学问的人。他一定庆幸自己为北大留住了一个人才，只是他恐怕不会想到，更重要的是，他还为新文化运动留下了一位健将。这一点，周作人自己也未必料想得到，——假如真的打道回府，远离政治文化中心，在以后的岁月里他将写下的，几乎注定将是别样的人生。

周作人就这样留在了北京。国史编纂处的位置既是因人而设，工作自然并不繁重，他每天到图书馆四小时，也没有什么硬性的任务须完成，办公室是间小屋子，四处堆满了旧杂志，让人觉着气闷。几个月的时间，他真正觉得有趣的时光只是在杂志里发现了几篇有意思的论文，后来他将其翻译出来发表了。实在说，那段时间他还处在等待的状态。

这样的状态心境是不会好到哪里去的，来加重他的烦闷的则是这段时间里发生的两桩事。一桩是个人的：5月初他生了一场大病——好像有些规律性了，初到异地，他总是水土不服，到南京念书、到杭州做视学，都是与病为伍——头疼发热，高烧不退，起先以为是猩红热，弄得鲁迅忙着延医问药之余，心下很是惊慌，因为教育部里就有同事患了此病而至于不治。好在后来确诊是麻疹，鲁迅这才放了心，事后老是将人这么大没出过麻疹当笑话说起，很是释然的样子。若干年后鲁迅将这场病作素材写入了小说《弟兄》，寄托他的伤往之情，那时兄弟俩已经反目成仇了。

另一桩事是"国事"：周作人病愈一个多月以后，发生了举国震惊的张勋复辟事件。北京是首善之区，政治中心地带，周作人没想到初来北京即遇上政治风暴，目睹了这一幕丑剧。张勋复辟时间虽然不长，却给了周作人很深的刺激。此前他经历过辛亥革命、二次革命，但身在绍兴这样的小地方，并无多少切身之感，这一次却是大大小小的事都活生生在眼前上演了。出门见到到处飘着象征清廷的龙旗，街上张勋的辫子兵在抢掠，天上则是飞机的轰鸣，城里不时落下炸弹。他在辛亥革命时即持一种怀疑的态度，不敢对民国的前途轻易乐观，经历了这一次的事变，他越发相信，"水过地皮湿"的革命是不足恃的，没有一场深刻的思想革命，中国社会的病症绝然好不了，复辟事件不过是过场的闹剧，可"城头变幻大王旗"之事随时都会发生。那段时间，因担心受辫子兵侵扰，鲁迅和周作人避到了城东。鲁迅为示抗议，已辞去教育部的职务，弟兄俩除了偶或上街察看形势，便是在屋里喝闷酒，发牢骚，常喝得酩酊大醉。

好在很快地雨过天晴，很快地城中又遍插民国的五色旗了。周作人个人的前程也有了转机。外出避难的蔡元培回来主持校政，周作人教书事提上议事日程了，七月底他去找校长接洽，九月初，他接到了大学聘书，上写"敬聘周作人为文科教授，兼国史编纂处纂辑员"，以下记着月薪二百四十元，以后可加至二百八十元等项。至此，他的北来才算上了原先预定的轨道。虽经了一番波折，结果总算不错，周作人心里很高兴，下面就要看他自己的了。蔡元培用人不拘一格，他没有拿过任何像样的文凭，就在这中国的最高学府里做了教授，但他也深知，在这样人才汇聚的环境里，不拿出点真本事是站不稳脚跟的，所以他工作得很卖力。大学与中学不同，要自己编讲义，他开的课是欧洲文学史、希腊罗马文学史，这在国内是毫无依傍的，他也没有系统地学过，现在只好赶着看各种英文参考书。每星期的讲义要写满二十页稿纸，很是累人，没有经验，时间又紧迫，只有请鲁迅也来帮忙。通常白天他写好草稿，晚上交下班回来的鲁迅修改，斟酌字句并抄写出来。于是一周的稿子顺利完成，拿给学校油印。就这样一边编讲义一边授课，一年过去，讲稿集成《希腊文学要略》一卷、《罗马文学》一卷、《欧洲中古至十八世纪文学》一卷，合成一册《欧洲文学史》。这书后来作为北大丛书之三，由商务印书馆出版了，它应说是中国第一部较系统的西方文学史。

教着欧洲文学史，他更关注的则是中国的问题，还在日本从事外国文学译介活动的时候，他对外国文学的兴趣就是同如何让它们对国人的思想、文学发生有益的影响联系在一起的。他参加了"小说研究"小组，这是北大于系科之外设立的文科研究所下面的兴趣共同体之一，除了他之外还有刘半农、胡适。三人商定每月第二周、第四周的周五开会，会上请一个人做演讲。周作人做过的一次演讲题为《日本近三十年小说之发达》。虽然说的是日本文学，他的目的却不是单纯的介绍——他希望通过日本的经验给中国的新兴文学指出一条路来。他认定近年日本文学取得长足进步皆因对西方文学的模仿，正因肯于虚心学习又善于模仿，日本文学才于彻底的模仿之后蜕化出了自己的东西。中国二十年来的文学毫无成绩可言，根子就在不肯真心地模仿别人，只愿别人来像我，即使勉强去学，也是打定了老主意，以"中学为体，西学为用"。在此他强调"模仿"二字的用意是再明显不过的了："模仿"即是做到我像人家，而不是相反，要以人家为主，以我为宾,像描红一般不走样地学习。周作人当然明白"独创"的可贵,但他深知中国文学的积习太深了,稍不留神就滑入了"以夏变夷"的故辙,顽症须用猛药,而在他看来,"模仿"正是一剂猛药。这是第一步,走出第一步,中国文学才能走上新的方向。

要有不走样模仿,自然先要有靠得住的范本,所以他的结论是"目下切要的办法,也便是提倡翻译及研究外国著作"。翻译和翻译也大不一样,若是用林琴南的法子,把外国小说译得像中国的《聊斋》《子不语》,那么再加模仿实际上倒是转过头来模仿自己了。如果说严复、林琴南们在翻译的"信、达、雅"三者上特别强调"雅",那周作人则以为最最切要的乃是"信"。他在一本译作的题记中正式提出了他的翻译主张,以为翻译肯定不及原本,也不像汉文,如果弄成像汉文一般有声调好读的文章,那就算不得"真翻译",换句话说,他的主张是宁可不"雅",不可不"信",也可以说,"雅"了肯定就不"信",难免成为"随意乱改的胡涂文"。

周作人是"真翻译"的身体力行者。他的翻译最与时人不同处便是"直译的文体"。此外,他在选什么来翻译也有独到的眼光,他翻译的作品多取自俄国和东欧弱小民族,因为中国的特别国情与西欧稍异,与俄国东欧相通处却很多,因此他翻译这些国家的作品较多,而这些作品通常都贯穿着人道主义精神。但他像那一辈的许多人一样,有着多元的开放眼光,以为理想的文学应是百花齐放的,所以其他国家的作家,有着别样精神的作品他也译。一边译,一边他也在研究,不用说一些长篇的论文了,即使每篇译作后面的译者附记，也写得很认真，而且往往议论精当。

我们不难发现，他现在所做的，正是当年在日本的工作的继续，他的主张实际上早就由鲁迅和他提出并且实践了，而从选择的眼光到"直译的文体"，与那时都是一脉相承，只有一点不同，那就是现在用的是白话，那时则还用着古文，"信"之外还讲究"雅"。那时他们的工作根本无人喝彩，眼下情形已大不相同，周围有了一批志同道合的同志，北京大学里有一种浓烈的新文化的氛围，他的工作很快就引起了人们的注意并且得到很高的评价。他的同事钱玄同就在一篇文章里称他的译介"在中国近年的翻译界中，是开新纪元的"，胡适后来也表示了类似的观点。至此，他的翻译主张已被许多人接受，而他也成了公认的翻译家了。

十

成名

周作人译介外国文学大多是在《新青年》上发表的,也是首先在《新青年》上得到承认。说到《新青年》,我们前面的叙述已经有几分超前了。

《新青年》的前身是《青年杂志》,这是有几分名士作风的激进主义者陈独秀1915年在上海办的。蔡元培掌北大校政后不拘一格引进人才,请陈独秀出任北大文科学长,陈本不愿来北大,当不住蔡元培三顾茅庐的盛情,又答应他将杂志带到北京来办,这才允诺。《新青年》从创刊起就大力宣传西方思想文化,要在中国引进"德先生"(即"德谟克拉西",英文democracy的音译)和"赛先生"(即"赛因斯",英文science的英译),反对中国的旧传统,主张全盘西化。观点虽然激进,这杂志一开始却并不怎样引人注目,直到1917年胡适在上面发表了《文学改良刍议》,提出以白话取代文言,陈独秀又做《文学革命论》支持并取了更激烈的态度,这才在社会上引起了轩然大波。鲁迅既在北京文化圈内,周作人又进了北大,对《新青年》当然是知道的,但他们起初对这杂志，对白话文的主张，并无太大的兴趣，倒不是整个反对，而是那上面的文章笼统含混，未见得高明，白话文的主张则在他们看来并非文学变革的关键。周作人刚到北京时，鲁迅拿了刚改版的《新青年》给他看，并转述许寿裳的话说，那里面有些谬论，很可以驳它一下。周作人也是心高气傲的人，看后虽不以为荒谬，却觉得实在是一般。而且一面提倡白话，一面那提倡的文章又还是用古文来做，在他看来也有点滑稽。

周氏兄弟的一位老熟人却是与《新青年》关系密切的，这便是钱玄同。他在日本时曾与弟兄俩一道听章太炎讲课，周作人在杭州做视学时与他也算是同僚。还在周作人进北大之前，他已在那里任教，《新青年》迁来北京后，他与远在美国的胡适，在上海的刘半农，是最早起来响应的。这时他的思想很是激烈，以为中国若要进步，非得彻底抛弃旧的传统。这立场与周氏兄弟是很有些相通的。本是熟人，凭过去的了解，他对周氏兄弟的思想、性情也是知其大概的，他到绍兴县馆来访，因谈得投机，也就成了周氏兄弟座上的常客。这是1917年8月份，即张勋复辟以后的事。他多半是午后四点钟来，来了便是长谈，总要谈到晚上十一二点才告辞。

说到此，我们该回过头来，对绍兴会馆做些交待了——鲁迅到北京任职后就住在这里，周作人一到北京，当然就到大哥这里住下。这会馆是绍兴人所办，绍兴的举子赴京赶考，都在这里落脚，一些在京候补而又没有在京置下房产的官员，也把这里当公寓。当年周作人的祖父周福清在京候补时就在会馆里住过一阵，李越缦、王止轩等乡前辈也在这里驻过足,日记里也都有过描述的。会馆位于宣武门外的南半截胡同,顺胡同往北,则是北半截胡同,出来即到了菜市口——那是清代杀人的地方,想起来很有点阴森可怖的味道。当时这里已是到了城外,偏僻冷清得可以。

他们的住所也是冷冷清清,这是会馆里的一个小小独院,叫做补树书屋,院中一排四间房,鲁迅原住偏南的一间屋子,周作人到后他就让出来,自己移到北头的一间。补树书屋左右全无邻居,前面是仰堂,后面是希贤阁,希贤阁供着魁星,仰堂则供着先贤牌位,住在这里真可以说是与鬼神为伍了。不独如此,院里还有一棵槐树,据说过去有过一位姨太太就是在这树上吊死的。可周氏兄弟当然不忌讳这些,鲁迅正要借这里的僻静避开喧嚣,周作人则犹喜那棵槐树带来的满院绿荫。

就是在这院里,在这棵槐树下,钱玄同与兄弟俩作他们的长谈。鬼神包围之中,这地方似还能感到前人生活的某种延续,或者是颇适于闲话的吧?他们的聊天也许是天上地下无所不谈的,但那中心的话题却没有一点闲适的味道,照钱玄同后来的说法,那尽是些"偏激的话"。诸如提倡"非圣""逆伦",铲除"东方化","用夷变夏"之类,更具体的还有"烧毁中国书""废除汉字"等等。这简直就是挖祖坟的勾当,仰堂里供奉的先贤们做梦也想不到,若地下有知,真要惊得从地下跳起来。

三人中最"偏激"的当数钱玄同,他后来发表的《中国今后之文字问题》一文里便有"欲使中国不亡,欲使中国为二十世纪文明之民族,必以废孔学,灭道教为根本之解决,而废记载孔门

十 成 名

学说及道教妖言之汉文,尤为根本解决之根本解决"的惊人之论,而他又申明这并非完全是个人之见,同时也是"代朋友立言",这里的"朋友",鲁迅之外,周作人也是有份的。

鲁迅虽然"偏激",却并不积极,经历了近代的种种流产的革命运动,他对中国的事情已深感失望,文学革命闹得沸沸扬扬,他却是业余的时间都闷了头抄他的古碑。钱玄同既已是《新青年》的骨干分子,当然是积极的,他来补树书屋的一个目的就是"劝驾",替《新青年》约稿——毕竟他们还是人单力薄,急需志同道合的同志。鲁迅本是外冷内热的人,纵使自己仍不敢对启蒙事业抱有希望,但冲着朋友的期望,想到先驱者的寂寞,他终于不能继续消极下去了。"劝驾"的结果是,他加入了《新青年》的阵营,1918年三月号的《新青年》宣布此后杂志不收外稿,文章全部由编辑部同人担任,鲁迅即在同人的名单中,而一个月后,便是那篇令国人震惊的《狂人日记》问世。

周作人想必也是钱玄同的约稿对象,不过他倒用不着像对鲁迅那样劝驾。他本不像鲁迅那样愤世嫉俗,又是刚从偏远的绍兴来到北京,颇想有一番振作,所以并没有鲁迅式的消沉。不过钱玄同的来访肯定使他更多地注意到《新青年》的活动,了解其宗旨,将他与该杂志的关系拉近了。说起来他给《新青年》投稿比鲁迅还要早了几个月,而他也与鲁迅同时加入了《新青年》编辑部。除了周氏兄弟之外,编辑部主要的撰稿人还有陈独秀、胡适、李大钊、钱玄同、刘半农等人。至此,《新青年》已组成了强大的阵容,成为中国新兴力量的代表,而周作人出现在这一引人注目的阵容中，也只待跃马出阵了。

不过一开始他并不算《新青年》的要角，他最初发表的多是译作，没有像鲁迅的《狂人日记》那样一炮打响。翻译毕竟不像创作，似乎更专门、更带学术气，译家的名声是慢慢积累的。此外，他离社会文化的热点也远了点。当时的热点是古文白话之争，直接卷入到论争当中去的人，像胡适、陈独秀、钱玄同、刘半农更容易受到世人的瞩目，周作人虽赞成白话，并且以白话译作响应胡适等人的主张，但是与文学革命比起来，他内心更关切的乃是思想革命，所以他并没有写文章正面地参加白话文的讨论。

也许剧变的时代更需要振聋发聩的檄文式的东西，周作人译的古希腊诗人的诗似乎是过于玄远了，译俄国东欧的小说虽在宣扬人道主义，却又不是那么直白，不易成为社会关注的焦点。同是译作，发表在《新青年》1918年五月号上的《贞操论》则立即震动了中国思想文化、教育、舆论各界。这是一篇讨论性道德和妇女问题的文章，周作人自留学日本开始对此类问题一直怀有极大的兴趣。另一方面，性在中国这样的特别讲究礼教大防的社会又是最忌讳、最敏感的话题。周作人在《译者前言》中称作者谢野晶子"是现今第一流女批评家，极进步、极自由、极平正的妇女"，肯定文中表达的"纯是健全的思想"。周作人在文中发现的"健全的思想"，简单地说便是，没有爱情的婚姻是不道德的，因之由这婚姻而获得了合法性的性关系也是不道德的。因为爱情，男女双方结合到一起，没有爱情，就应解除关系。

爱情与婚姻不能画等号，爱情应是婚姻的基础，——这在今天已是常识，成为我们思想背景的一部分了，而周作人便是中国最早宣传这种观念的人之一，在当时，这真是石破天惊之论。中国的传统文化中忽视个人情感，向无"爱情"一说，家庭最为重要，而作为家庭始基的夫妻关系被认为是天经地义的，如此质疑婚姻而鼓吹爱情，并且宣称每个人都有"结婚与离婚"的自由，其引起人们思想震荡之剧烈，可想而知。胡适首先起来应和，发表《贞操问题》一文，盛称《贞操论》的出现"是东方文明史上一件极可贺的事"。鲁迅则写下了《我之节烈观》，痛诋没有爱情的旧式婚姻，大声疾呼让人们享受"正当的幸福"。一时之间，"贞操问题"成了社会上讨论最热烈的话题。

不过《贞操论》毕竟是译作，要与《新青年》诸大将比肩而立，显出个人的声音，周作人还须拿出自己的货色。恰在这时，《新青年》同人又办起了《每周评论》，给了周作人一个跃马出阵的契机。当时北京大学以至社会上新旧两派的斗争愈演愈烈，新派人物感到《新青年》作为一种以创作、翻译为主的月刊，又还不能按时每月出版，效力太缓慢了。于是大家商议来办一个以社会文化批评为主的周刊，1918年底，《每周评论》应运而生，周作人参加了筹备会，其后的一个月内，他一气写下了《人的文学》《论黑幕》和《平民文学》三篇重要文章。周作人原以翻译为主，并非他没有自己的主张，只是刊物性质如此，他也就往那一方面做去。现在《每周评论》需要的是理论、批评性的文章，他思想武库中原先一些引入未发的东西也就顺势搬出；他一篇接一篇地写，则又说明他已是成竹在胸。

这些文章中最重要的当数《人的文学》，他在文中正面阐述了自己对文学革命的主张：文学应担负起启蒙的使命。我们应当提倡的是"人的文学"，也即人道主义的文学；凡有助于人性的健全发展，合于人的道德的，便是"人的文学"，反之便是非人的文学，盖在打倒之列。这篇文章不同凡响，而且出现得正是时候，因为文学革命发展到这时正处在一个寻求新的突破的当口。此前，人们的注意力集中在白话取代文言文获得正宗地位上，以至文学革命差不多成了白话文运动的等义词。到1918年下半年，白话文合法性的建立已指日可待。可白话代文言的主张更多涉及的是文学工具即语言媒介的刷新，甚少触及文学的意义层面，而白话文运动的发起人就是新文化运动的倡导者，他们选择了白话文作突破口是因为那是较具体而易于措手的，最终的目的还是要把文学纳入启蒙的轨道。要达到这一目的，光是提倡白话文就远远不够，因为白话文既可传达新思想，也可输送旧意识，白话文并不等于新文学，中国原有白话章回小说的传统，若是单看是否用白话，当时社会上流行的许多浸透了封建意识的旧派小说不也可以算"新文学"了吗？

其实许多白话文的倡导者也并非全然不顾文学革命内容的一面，可他们一直没有找到一个将文学革命与思想启蒙合二为一的明确的纲领。周作人因为站在文白论争的边缘，又一直认为文学的思想革命比形式上的革新更重要，当然更能认清白话文运动的偏颇，如何将文学革命推进一步一定是他在思考的。现在他明确提出"我们希望从文学上起首，提倡一点人道主义思想"，同时又提供了判断新旧文学的标准与尺度（"人的文学"与"非人的文学"），使得摆在新文学倡导者面前的难题一下澄清了。

这也就难怪周作人将这篇文章交给陈独秀看了之后，后者是那样的兴奋了。陈独秀连忙致信周作人，称"大著《人的文学》做得极好"，文章原是为《每周评论》写的，陈以为意义重大，决定也在《新青年》上发表，于是此文便以最快的速度，在两个杂志最显著的位置上推出了。感到欣喜的不仅是陈独秀，北大追随新文化运动的学生社团"新潮社"的领袖人物傅斯年撰文道："近来看见《新青年》五卷一号里一篇文章，叫作《人的文学》，我真佩服到极点了。我所谓白话文学的内心，就以他说的人道主义为本。"后来中国第一个新文学团体"文学研究会"成立，章程由周作人起草，那里面提出的"为人生的文学"的主张，与《人的文学》也是一脉相承。可以说，周作人的文章一发表，他的思想便被广泛地接受，说它在新文学阵营中起了统一思想、统一认识的作用也不为过。所以直到1935年，胡适在一篇总结文学革命的文章里还说《人的文学》"至今还值得细读"，并以史家的眼光，称该文是"当时关于改革文学内容的一篇最重要的宣言"。

受到同人和外界热烈反响的鼓舞，自《人的文学》之后，周作人真可以说是一发而不可收了。他陆续写出了《思想革命》《新文学的要求》《圣书与中国文学》等文章，这些文章贯穿着《人的文学》的精神，从各个角度加以阐发，形成了一个有机整体，由此他也成为新文学最具权威性的理论家。

在日本在绍兴的那些年头，周作人尽管有新思想，多少还是扮演着立于时代潮流之外的旁观者角色，到北京大学后，处在了新旧思潮交相激荡的文化中心，他被涌上了历史的前台，如果说他作为翻译家出现时还只是舞台上的一个配角，如果说《贞操论》还只表明了一种前卫的立场，那么《人的文学》发表以后，他已是在台上唱着大轴戏了。

十一

青春期

周作人在北大，因为讲义编得好，又接连发表了一些有分量的文章，已慢慢巩固了自己的地位，赢得同事们的尊敬；《人的文学》既出，更在社会上赢得了名声。要在北大这样藏龙卧虎的最高学府里站稳脚跟并非易事，周作人没有任何可资夸耀的学历，同时学问又很杂，照说是很容易被看轻的。另一文科教授，成为他的好友的刘半农就很被胡适等人瞧不起，后来放弃教授职位，跑到法国挣回一个博士头衔来，才算找回了心理平衡。周作人则似乎很顺当地被接受了。

　　在学校里，所谓接受一方面是同事的推许，另一方面则是学生的认可。周作人的讲课并不高明，其方式也与鲁迅两样，鲁迅常离开了讲义加以发挥，而且讲得幽默风趣，引人入胜，周作人则是照本宣科，往往是目不视人，伏在讲台上自顾自念讲义，说话的声音很低，还是一口难懂的蓝青官话。可因为真有学问，学生还是服他。前面提到的傅斯年，和后来成为新文学健将的康白情、俞平伯就是因周作人讲授《欧洲文学史》而被吸引到一起的。

十一　青春期

也许一开始吸引他们的是课的内容,是周作人渊博的学识,到后来更有吸引力的则是授课以外的东西,——是他的思想、见识了。

傅斯年、康白情、俞平伯与罗家伦、杨振声、顾颉刚等人发起组织了"新潮社",这是新文化运动中最早出现的学生社团,也是五四时最有影响的学生团体。周作人与该社团的关系超过了同在北大执教又同为新文化运动名人的胡适、钱玄同、刘半农等人。他的重要文章总是迅即地在这里得到回应,前面说到傅斯年撰文高度赞扬《人的文学》即是一例,此外,他写的新诗《背枪的人》《京奉车中》在该社的刊物《新潮》上转载,且被当作新诗的示范性作品。1919年五月号的《新潮》上更刊出"本社特别启事",宣布周作人为"新加入本社社员",后来又被推为主编。事实上,《新潮》的问世他就出过力:当时傅斯年曾经因办刊经费问题找过文科学长陈独秀,陈独秀对傅斯年等人的动机颇有几分怀疑,因为北大新旧两派势同水火,斗争很是激烈,而傅斯年、顾颉刚都曾是旧派人物黄侃的高足,陈疑心他们会不会是那边派来卧底的,故向周作人征询意见,周作人帮年轻人说了话,这才有了《新潮》的创刊。

随着名声日高,周作人对青年人的感召力远远超出了北大,作为攻击旧道德旧文化不遗余力的人,作为新文学的理论权威,五四时期他在青年人中的影响可以同鲁迅相提并论,因为身在北大,他与青年的接触还更多更直接一些。青年人把他看作良师益友,他对青年人则给予热情的扶植和帮助。向他写信求教、寻求支持,或是请他演讲、参加活动的人实在不少,而他几乎是有求必应。后来成为散文名家的梁实秋，在清华大学当学生时，曾代表清华文学社到周作人家里请他去清华演讲，事先没有任何介绍，演讲也没有报酬，就这么冒冒失失地去了，周作人接待了他，并且一句话就应下了。从他的住地到清华，坐人力车要一个多小时，但到约定的那一天，他风尘仆仆准时赶到了。

素不相识向他求援的人当中，有一个是后来鼎鼎大名的郁达夫。郁达夫是因写了一部叫做《沉沦》的小说而出名的，刚开始这"名"是好名是恶名，还真难说：因为小说里写了主人公的性苦闷，一发表就受到封建卫道人士的诋毁漫骂，斥为诲淫。郁达夫感到压力很大，将书寄给周作人，告知"上海的所有文人都反对我"，"希望先生以自己的良知尽量给予批评"。郁达夫这时在安徽安庆法政专门学校教书，此前发表的作品寥寥可数，谈不上什么名气，周作人则已是堂堂北京大学的名教授，以世俗的眼光看去，郁达夫实在有些冒昧，但郁达夫的信中却分明流露出对周的信任，除了文人的自负之外，那显然是因为在他心目中，周作人是个肯于为年轻人仗义执言的人，——周作人在青年的心目中已经建立了这样的形象。

周作人果然没让郁达夫失望，他很快给他回了信，并在《晨报》上发表文章为《沉沦》辩护，指出作者描写的是现代青年的苦闷，肯定作者在这一点上做得很成功，并称小说"虽然有猥亵的分子而并无不道德的成分"。这是最早给《沉沦》以肯定评价的文章，郁达夫的大胆放诞，即使在新文化的阵营中也未必是人人都可以接受的，此文一出，许多疑惑消除了，而反对派的骂声也低下去了。

最早的白话诗人之一汪静之，因为在诗集《蕙的风》里描写青年男女对爱情的追求，也受到过旧派势力的攻击，周作人同样撰写文章给予肯定。事实上周作人个人的性情与郁达夫的风流耽溺、汪静之的纯情相去甚远，他也未必喜欢《沉沦》顾影自怜又有几分歇斯底里的风格，可是他不能容忍传统道德对于青年人的压制，凡受到旧势力压制的，他更要给予道义上的支持。

五四时期的周作人几乎总是站在年轻人一边，这也不奇怪，新文化原本就是青年文化，新文化运动的"群众基础"原本就是广大的青年。受到时代氛围的影响，周作人本人那一时期好像也进入了"青春期"，他到北京时三十三岁，按当时的标准，三十多岁已算是人到中年了，而周作人以他的性情，大概从小就可以被归入"少年老成"那一类的，不料此时突然地青春焕发了。周作人还从来没有像现在这般接近一种青年人的心态。

周作人喜静不喜动，从南京到日本到绍兴，甚至直到被聘为北大教授，加入《新青年》编辑部之前，他基本上过着退隐的学者生活，我们应该还记得鲁迅在日本时给他起的"都路"的绰号，除了读书做文，其他的一切在他似乎都是琐屑麻烦，避之唯恐不及的。可现在他却常常走出书斋，参加各种社会、学术活动了。

五四运动爆发时周作人正在日本，他是四月十五日携妻子儿女往日本探亲的。刚到没多久就听到这消息，马上匆匆回国。当年家里催，兄长劝，他硬是延宕着不肯回来，辛亥革命时他足不出户，能躲则躲，现在他却坐不住了。五月十八日回到北京，六月三日赶上军阀政府大肆逮捕学生，当天他即同刘半农、陈百年等前往北京大学,自称是北京大学代表,与军警交涉,要去第三院法科慰问关押在那里的学生。那几天里他常到学校参加教员的聚会,商讨营救学生的办法。五号那一天下午,正从学校里往家走,却遇见学生演讲,大队军警将他们团团围住,人群正想挤过去,军警的马队便过来冲散行人,周作人险些被马撞倒,狂奔了好远才停下。他虽经历过一些事,却还未受到过这样的惊吓,眼看着马队冲向手无寸铁的老百姓,他愤怒了。回到住处,写了一篇《前门遇马队记》,记述历险的经过,并装呆卖傻,正话反说,对当局好一通讽刺,结末说:"我从前在外国走路,也不曾受到过兵警的呵叱驱逐,至于性命交关的追赶,更是没有遇着过。如今在本国的首都,却吃了这一大惊吓,真是'出人意表之外',所以不免大惊小怪,写了这许多话。可是我决不悔此一行,因为这一回所得的教训与觉悟比所受的侮辱更大。"第二天他就将文章交给负责编辑的李大钊在《每周评论》上发表。皮里阳秋、指桑骂槐,周作人的"骂人"文章都是这么写的,他不屑于同对手论理,更不用说是泼口大骂,讽刺更能维持他踞高临下的蔑视的姿态。

文章发表后军警方面觉得有点不对味了,那时警察对《每周评论》已有了疑问,时常派人到编辑部查问,有一天就问李大钊:"你们的评论不知怎么总是不正派,有些文章看不出毛病来,实际上全是要不得。"据李大钊说,"要不得"的文章指的就是《前门遇马队记》。可见周作人已成了"惹事"的主了。周作人倒不在乎,对文章刺得军警疼痛而又抓不住把柄还有几分得意。六月十四日,陈独秀因散发传单被警方拘捕,他又同李辛白、王抚五等以北大代表的名义到警厅去探望。周作人何时曾像这样爱管"闲事"呢？

　　当然周作人不是实际的活动家，与他在思想文化方面闯下的"祸"相比，上面所说的"惹事"简直算不了什么。都说中年是稳健且有些保守，瞻前顾后的，青年人则是无所顾忌，易走极端。周作人这时心态的年轻正表现在他思想的大胆"偏激"上，什么分寸感之类都无顾及的余裕了。他的大胆"偏激"，从译介《贞操论》，撰文肯定《沉沦》等事上已见一斑。《人的文学》中对中国旧文学的否定，则连一些很激进的人都会觉得过分：他将中国的旧戏全部归为"非人的文学"，以为那是封建意识的藏污纳垢之所，旧小说也被否定得差不多了，从文言的《太平广记》《聊斋志异》到章回白话体的《水浒传》《西游记》都未能"幸免"。胡适等人出于鼓吹白话文的动机，对章回体的白话小说是网开一面的，周作人既认为新旧文学的区别在于其中包含的意识是否合于人道主义的精神，当然对那些既使用白话且被某些新文学倡导者也奉为经典却浸染着"封建毒素"的小说也毫不客气。本着这样的原则，他还写了《论黑幕》《再论黑幕》《中国小说中的男女问题》等文章，对当时社会上流行的鸳鸯蝴蝶派小说作尖锐的批判，语气的激烈斩截，在新文化人当中也是数得着的。

　　周作人的大胆"偏激"在征集歌谣一事上也有所表露。北京大学1918年开始征集歌谣，主其事的是钱玄同、刘半农等人，周作人也有这方面的兴趣，在绍兴时就发起过类似的活动，只是当时孤掌难鸣，现在有人起劲，他也参加了。他加入后即提出要解除原先自设的禁区。征集歌谣的简章上规定了入选的条件，第三条是"征夫野老游女怨妇之辞"要"不涉淫亵而自然成趣者"才有资格，接受了周作人的意见后就改了："歌谣性质并无限制，即语涉迷信或猥亵者亦有研究之价值"。性在中国一直是不能拿到桌面上来谈的事，显然钱玄同、刘半农这样的新派人物都觉得要有所回避，周作人却甩开了顾忌，他并且还写了《猥亵的歌谣》等文，大谈特谈，实在大胆偏激得可以。其实周作人的大胆原也简单，——那是源于思想的彻底性，或者用一些佩服他的人的话说，他有着"明澈的思想"。这也正是周作人的过人处：虽然他性情温和，为人行事极少逾矩，他的思想却是没有任何禁区。新文化运动的旗帜之一是"科学"，那不是自然科学或科学技术的意思，而是指一种科学的精神：破除偶像，扫荡一切神秘与禁忌，任何事物都可以直面它。周作人身上极典型地体现出这种无畏的精神。

五四的精神一方面是"破"，一方面是"立"，——破除旧的偶像建立新的信仰。周作人说他是一个"少信"的人，意思是说，作为一个唯物论者，他很难给自己确立起一种信仰，不论是宗教的信仰，还是社会政治上的理想。他的经历，他的气质，似乎都助成他怀疑的倾向。理想主义这种东西与他的个性格格不入，而且他已经人到中年，理想更是属于青年人的，中年人经历的事情既多，理想与现实之间的距离经过反复的丈量，一般都趋于实际了。可周作人正当青春焕发的时刻，在时代空气的感染之下，也成为新的信仰的追逐者。这时期他热情地拥抱"人道主义"，宣

十一 青春期

布这就是他新的信仰。不仅如此，他还短暂地醉心过"新村"的实验。

"新村"是日本著名作家、思想家武者小路实笃1918年在九州日向建立的带有空想社会主义色彩的实验基地，生活在这里的人都参加劳动，没有私人财产，不分国界种族，大家互相友爱，亲如兄弟。周作人对武者小路实笃早有景仰之心，"新村"的实验更让他感到他信奉的人道主义，他追求的真正的"人的生活"在现实中出现了。1919年月4月，他发表了《日本的新村》一文，成为中国最早介绍"新村"的人。这时他对新村的了解还是从书本等间接的渠道得来，1919年7月在日本期间访问了新村所在地石河内村之后，他受到更强烈的吸引，回国后即成为"新村"最有力的鼓吹者。

关于他的日本之行，还得从迁家北京说起。周作人与鲁迅一直都是单身在北京，母亲、三弟周建人一家和他们自己的家眷都还在绍兴；分居两地，生活十分不便，而且开支浩大。此时鲁迅在教育部做科长，周作人是北大的名教授，兄弟俩在北京渐渐根基稳固，更重要的是，北京是新文化运动的中心，无论就对社会的影响还是就个人的发展而言，这里看来都是最有利的。所以他们有长治久安的打算，想把全家接过来一起住。恰在这时，绍兴家中受到族人逼勒，必须将祖屋卖去，于是迁家之事迅即提上日程。从1919年初开始，鲁迅即四处看房，最后选定了新街口八道湾的一处房子。这是一个颇大的院落，分三进，有几十间房子，有很多空地，许寿裳有一次陪鲁迅来看了说，这里简直可以开运动会。所以选中这里，一来是因全家在一处，人口众多，二来鲁迅考虑到两个弟弟有不少孩子，应有宽敞的嬉戏之地。

家中与外界交涉之类的事一向都是身为长子的鲁迅张罗的，这一次从选房到接洽到修缮，到返乡了结绍兴家中的事务，还是他一手操办，前后忙了好几个月。正是在这段时间里，周作人两赴日本，第一次将妻子儿女送回日本探亲，第二次是接他们，直接从日本到北京。两次行程原是当为一次的，不料五四运动爆发，他匆匆返回，于是才有第二次日本之行。就是这一次，他访问了新村，这也是此行他的最大收获了。他后来写了一篇《访日本新村记》，描述他新奇的经历：

> 我到这未知的土地，却如同曾经认识一般，发生一种愉悦的感情。因为我们都是"地之子"，所以无论何处，只要是平和美丽的土地，便都有些认识。到了高锅，天又下雨了，我站在车马行门口的棚下，正想换车往高城，忽然一个劳动服装的人近前问道："你可是北京来的周君么？"我答道："是，"他便说："我是新村的兄弟们差来接你的。"……我自从进了日向已经很兴奋，此时更觉感动欣喜，不知怎么说才好，似乎平日梦想的世界，已经到来，这两人便是首先来通告的。现在虽仍在旧世界居住，但即此部分的奇迹，已能够使我信念更加坚固，相信将来必有全体成功的一日。我们常感着同胞之爱，却多未感到同类之爱；这同类之爱的理论，在我虽也常常想到，至于经验，却是初次。新村的空气中，

便只充满这爱,所以令人融醉,几于忘返,这真可谓不奇的奇迹了。

——初来乍到,还只刚刚同接待的人照了个面,他便如此"兴奋""感动欣喜",有这许多赞词,这还是那个素来"少信"、不易激动的周作人吗?显然他是带着一个"乌托邦"的梦来的,并且急切地想印证这个梦,这使他来之前已预备好了一种近乎虔诚的态度。

接下来,他实地体验了新村的生活,实际上也就是大家一起从事劳作,一起吃麦饭。他和村中人一起掘土种甘薯,到豆田拔草。他本是手不能提、肩不能挑的读书人,挖了一会儿土已觉腰酸背痛,手掌上还磨出了水泡。若是当年在绍兴让他做同样的事,他肯定深以为苦,满心的不情愿,可现在田间的劳作不再是劳动本身,而成为实践理想的某种仪式,因此他虽困乏,"精神却极愉快"。关键是,他在劳作中体味到了人与人之间平等友爱的关系,一种人群的共同感。他只在新村停留了半天,然而他感到那是"三十余年未曾经过的充实生活",只有这半天"才算能超越世间善恶,略知'人的生活'的幸福,真是一件极大的喜悦"。他写道:"我们平常专讲自利,又抱着谬见,以为非损人不能利己,遇见别人,若不是心中图谋如何损害他,便猜忌怨恨,防自己被损,所以都'剑拔弩张',互相嫉视。倘能明白人类共同存在的道理,独乐与孤立是人间最大的不幸,……并耕合作,苦乐相共,无论哪一处的人,即此便是邻人,便是兄弟。"周作人已经从新村的生活看见未来理想社会的蓝图了，他以为那种人类不分你我、亲如家人的感觉非经实验是无从体会的，他为自己亲身经历了这样的实验并从中约略证实了理想和幸福的可能而感到极大的喜悦和光荣。顺理成章地，他加入了新村，并且缴纳了会费。

若干年后，周作人肯定会感到自己那时的幼稚，那一大堆由半天的经历引出的感慨一定会让他觉得有几分戏剧性的夸张。

带着这份发现奇迹的兴奋和喜悦回到国内，周作人马上以一个证人的身份为"新村"宣传奔走。他还从来没有这样的热情高涨，这样毫无保留地投入。在很短的时间内，他写了很多文章，并四处讲演、做报告。不仅如此，他还希望着手组织中国的"新村"，——既然他在日向产生的那种人人是兄弟的人类共同感"非实验不能知道"，在中国建立这样的实验基地当然是必要的了。于是周作人一手建立了新村北京支部，1920年2月，《新青年》等报刊上登出启事，宣布支部成立，"由周作人君主持一切"，支部地址就在八道湾周作人的住所。启事上还说，每个星期有两个半天周作人接待那些讨论新村问题的来客。

五四时期，有抱负的人都在紧张探寻着变革社会的种种途径，周作人对"新村"不遗余力的宣传很快在社会上引起了巨大反响。他已是新文化运动的名人，"新村"的生活又是那样的诱人，所以很有几分"登高一呼，应者云集"的味道了。有意思的是，周作人的响应者当中有好几位后来成为著名的共产党人。李大钊是中国最早宣传马克思主义的人，也是中国共产党的缔造者之一，他那时对"新村"表露出很大的兴趣，数次介绍人来访周作人，请他介绍去日本"新村"参观访问，他还曾同周作人一起发起与"新村"运动宗旨相近的"工读互助团"。年轻的一辈当中也有不少人如恽代英、萧楚女等被"新村"运动吸引，当然其中最著名的是后来成为中共领袖的毛泽东。当时还是青年学生的毛泽东肯定很早就知道周作人这个名字，那些倡导"新村"运动的文章则使他更将周作人看作一位精神上的导师了。青年毛泽东对"新村"显然投注了极大的热情，1919年他起草了建设"新村"的计划书，其中的一章还发表在这一年12月的《湖南教育》上。1920年4月，毛泽东借第二次赴京之机，前往八道湾拜访了周作人。谈话的内容已无从知晓，不过总是围绕着"新村"展开，而毛泽东一定是带着一种仰慕的心情。还可以肯定的是，周作人不会想到，这位来访者会成为中国现代史上最著名的人物。

"新村"运动注定是短命的，因为它过于理想化，而中国的社会现实又是那么严酷。投身"新村"运动的人很快就发现"新村"救不了中国，于是转而寻找其他更实际的改革社会的路径了，李大钊、毛泽东等人就转向了马克思主义阶级斗争的学说。可是在那个历史的微妙时刻，"新村"的确成了一批激进改革者接受马克思主义的桥梁。

十二 迷惘

周作人毕竟是周作人，即使在他情绪高昂的时期，他也不可能是一个彻头彻尾的理想派，真正像年轻人那样对未来充满乐观。我们先来看他的一首诗：

> 我是一株稻，一株可怜的小草，
> 我喜欢水来润泽我，
> 却怕他在我身上流过，
> ……
> 我愿他能够放出了石堰，
> 仍然稳稳的流着，
> 向我们微笑，
> 曲曲折折的尽量向前流着，
> 经过的两面地方，都变成一片锦绣。
> 他本是我的朋友，
> 只怕他如今不认识我了，他在地底里呻吟，

听去虽然细微，却又如何可怕！
这不像我的朋友平日声音，
被轻风挽着走着河滩上来时
快活的声音。
我只怕他这回出来的时候，
不认识从前的朋友了，——
便在我身上大踏步过去。
我所以正在这里忧虑。

  这首题作《小河》的诗发表在1919年二月号的《新青年》上，在这前后，他写过不少诗，为的是给草创时期的白话新诗助助阵。那时新诗正在难产的阶段，旧体诗词太辉煌，留给人们的影响太深了，包括第一部白话新诗、胡适的《尝试集》在内的许多新诗都还留着旧诗的痕迹，像是缠过小脚刚刚扯去了裹脚布，走起路来不自然。周作人早就认定自己不适于做诗，只适于写散文，可作为新文学的倡导者，看到新诗创作比白话小说、散文更难成气候，他自觉有义务打打边鼓，也就"勉为其难"地上阵了。也许以今天的标准，他的诗没有多少诗的味道，不过是散文分了行写，然而在当时，这样完全把旧诗抛在一边放手写去，却是创举，——他宁可少些诗味，也要与旧诗拉开距离。说到五四时期的新诗，人们都将周作人算作一家，《小河》正是他的代表作，而那时受他影响的人还很不少哩。

  不过这里关心的并非他的诗歌艺术，而是《小河》里流露的一丝不安的情绪。新文化运动正蓬勃地展开，前景似乎很可乐观，他"正在这里忧虑"什么呢？他自比为"小草"，怕水"在我身上流过"，怕水"在我身上大踏步过去"，那么忧虑的自然是"水"了。"水"又是指什么呢？周作人后来明确地告诉人们，那指的是民众。民众就像水一样，"水可载舟，亦能覆舟"，他对被压迫的民众是同情的，所以他希望"水"能够"放出石堰"，从压迫束缚中解放出来，可是一经"放出"，"水"还能如他所愿"稳稳的流着"吗？他眼下从事的思想启蒙，就是要将水"放出石堰"，如果放出来的水不按照他们预定的轨道朝前流淌，一旦冲决堤坝，泛滥成灾，形成滔天之势，那是多么可怕！周作人一向惧怕群众运动，惧怕不可避免要与之相伴而来的暴力倾向，以他对中国的了解，民众一起来，弄不好就是义和团那样的"暴民"运动。思想启蒙是要高扬人的理性，要是他担心的那种局面出现，他所依凭的理性肯定要被群众运动的喧嚷声淹没了吧？

在大好形势之下发出这样"忧虑"的声音，实在有点不合时宜，也说明了周作人思想的复杂矛盾。除了鲁迅，新文化阵营中恐怕没有什么人对新文化运动的前景怀有疑虑。他的战友胡适、刘半农、钱玄同都比他明朗单纯得多。没有谁追问《小河》隐含着什么意思，弄新文学的人对这首诗的关注都集中在它形式的别致上，其中的"忧虑"被忽略了。

周作人的预感不是没有根据的。就在《小河》发表两个多月后，五四运动轰轰烈烈地爆发了。像我们前面说的那样，周作人旗帜鲜明地站在了学生一边，又是写文章，又是参与营救学生的活动，

十二 迷惘

表现得很是积极。可那是一种道义上的承担，从心底里，他对这样的运动方式是不以为然的。如此发展下去，结果会不会走向极端，引起暴力呢？暴力，不论是反革命的暴力还是革命的暴力，都是他害怕的。事实上，他急切地扑向"新村"的怀抱，有一大半是他对"水"的忧虑逼出来的，他预感到中国社会各种矛盾激化的结果，将是一场你死我活的大革命，那真是天下大乱了。能不能既造成了社会的进步，又避免社会的动乱呢？——这时候"新村"提示的平和的改良社会的方式对他就变得特别有吸引力了。他希望"小河"稳稳地流入到"新村"中去，如果大家都来从事"新村"的实验，人类社会岂不是变得美好，同时也杜绝了出现暴力的可能了吗？

可惜并不是每个人都像李大钊、毛泽东等人那样热衷于"新村"，即使在他周围，持反对态度的也大有人在。首先大哥鲁迅对他的主张就不以为然，鲁迅与他一直心心相印，对他总是支持的。这一次鲁迅却显得很是冷淡，给钱玄同的信里还说周作人那些宣传"新村"运动的文章没有多少重要性，不必要到处登载，竟是给周作人大泼冷水了。显然，鲁迅是觉得"新村"太虚幻了，他对社会现实的清醒意识不允许他同周作人一起做梦。鲁迅之外，胡适也反对他的主张。鲁迅的不满是私下表露的，胡适则在报上发表文章，公开提出批评，说"新村"不过是古人山林隐逸生活的变相，没有任何的"新"可言。胡适与周作人算不上知己，可是彼此对对方的见识和为人一直是敬重的。"新村"在社会上一呼百应固然令人高兴，可现在胡适站出来说这样的话，却肯定像鲁迅表露的冷淡一样，让周作人觉得大为扫兴。何况，响应他的李大钊等人也很快将目光从"新村"移向别处了。

事实上，不单是对"新村"的态度，在其他一些根本性的问题上，他周围的人也开始各唱各的调了。还在周作人从日本"新村"归来之前，《新青年》阵营中已经出现了不和谐的声音。1919年6月，胡适与李大钊共同主持《每周评论》，可两人之间已经有了分歧，李大钊主张刊物介入实际的政治斗争，大力宣传马克思主义，以此来解决中国社会的根本问题；胡适则主张刊物远离政治，不谈主义，于是有了著名的"问题与主义"之争。后来《每周评论》被北洋政府查封，他们的分歧又延续到《新青年》上。《新青年》原是由陈独秀一人编辑，1919年改为同人每人一期，轮流主持。胡适在他编的那一期上登了长文《实验主义》，宣扬杜威的学说作他渐进的社会改良主张的基础；李大钊则在他主持的那一期上登了他的名文《我的马克思主义观》，主张激烈的社会革命，以为马克思主义才能救中国，那一期即称"马克思主义专号"。胡、李二人竟是唱起对台戏了。陈独秀出狱后，在北京待不下去了，提出将《新青年》编辑部搬到上海，遭到胡适等人的反对，最后陈独秀怒称《新青年》是他一手创办的，杂志须随了他走，《新青年》终于迁往上海，胡适等人即退出了《新青年》编辑部。在陈独秀主持下，《新青年》进来了陈望道等新人，成为中国共产党的机关刊物。钱玄同、刘半农渐渐也脱离了《新青年》，埋头于语言文字的研究了。

《新青年》编辑部的分裂像"新村"受到鲁迅、胡适的批评、

十二 迷惘

冷落一样，令周作人深感失望，实际上，"新村"在内部受到的冷遇也正是《新青年》分裂的一部分。当初提倡白话文，鼓吹思想革命，大家是步调一致的，现在随了形势的发展，要给中国社会开药方了，他们却发现他们各自开出的方子距离如此之大。以往《新青年》是一个新文化的坚固堡垒，纵有不同意见，都是细节的局部的，也都和风细雨地内部消化，大家一致对外，向旧势力开火。每每是一人倡议，众声应和，彼此帮衬、"补台"，谁都意识到身后站着一个极有凝聚力的集体，即使同看似无法战胜的有形无形的敌手较量，他们上得阵来，也是个个精神抖擞，毫无惧色。谁能料想披荆斩棘闯出了一片新天地，大家却分道扬镳了。周作人并不是个眷恋"集体""团队"之类的人，可是他自己知道，如果不是有《新青年》这样一群人相互呼应，他不大可能那样无所顾忌、理直气壮地对社会发出自己的声音，甚至他也不会有那样急切的参与社会变革的愿望。眼前就明摆着证据：因为受到他所敬重的人的冷落，因为《新青年》同人的散伙，他对"新村"的热情很快就冷下来了。

《新青年》《每周评论》一直是周作人显身手的舞台，要说周作人也有过"登高一呼，应者云集"的时候，那是因为有"高"可登，这就是在《新青年》的台子上。舞台拆掉了，他还能扮演什么角色呢？《新青年》迁沪后，陈独秀与他还有联系，胡适等人既已退出，陈独秀更寄希望于周氏兄弟们给他供稿撑台。周作人也还有稿子寄去的，可他知道，如今的《新青年》不比过去，他也没有往日的劲头了。更关键的是，因为同一战壕里的人各趋一途，各奔前程，眼前似有无数条道，又似每一条都走不通，他该往哪里走呢？胡适的实验主义他没兴趣，李大钊的马克思主义他并不信服，对自己倡导的"新村"运动他也打退堂鼓了，甚至他奉为"新宗教"的人道主义，他也觉得太空洞抽象，于实际无补。再想想，一场轰轰烈烈的思想启蒙运动留下了什么呢？中国社会的情形似乎还是照旧，政府依然专制蛮横，老百姓依然麻木不仁。

周作人感到迷惘。

好像是与他精神的沮丧相应合，他的身体也出了毛病。1921年有大半年的时间，他是在病床上度过的。上一年的年底他就已得病，某日赴歌谣研究会，回到家后就觉特别疲倦，第二天就发起烧来，而且咳嗽，找医生诊治，说是胁膜炎，这是肺病一类的，需要静养，于是便卧床休息了。三个月过后，病情好转，他便坐起来写文章，偿还上一年欠下的文债。不料文章刚写了一半，病势因而恶化，比起初更是严重，只好住进了医院，这一进去就住了两个月。

周作人是很讲究保养的人，当然知道，卧床养病，最当澄心息虑，诸事不烦，可是他的心绪却不能平静，新文化阵营的解体，社会上混乱糟糕的情形，已经够让他困惑的了，偏偏又有一场大病赶来凑热闹，真是叫他烦透了。每到下午，热度就高上去，晚间更是昏昏沉沉。迷离惝恍中感觉却又特别的敏锐，似有无数的念头纷至沓来，思绪飘忽不定，却有不变的灰暗的底色。经历了新文化运动的起落，他已经意识到个人对于社会的无能为力，现在缠绵病榻，他越发感到一己的渺小以至生命的微不足道。种种

十二　迷　惘

的意念在他头脑中发酵，寻求着表达，他突然有了写诗的冲动。他过去写的那些诗，像《小河》，是寓言式的，其他的也都是纪实加感想，思想的分量要大于情感的抒发，这段时间里他写了好多诗，却是更多地流露出一己的情绪了。

像他初到北京出麻疹时的情形一样，傍晚时分，鲁迅下了班之后，总是匆匆到他屋里或是病房来探问，这应该是他一天中最觉温暖愉快的时刻了，他在病中深感寂寞孤独之际，也只有鲁迅能够充分理解他的心境吧？四月里的一天，鲁迅又来看他，他将他刚写好的一首题作"过去的生命"的诗的大意向鲁迅说了，鲁迅拿过诗稿念起来：

> 这过去我的三个月的生命，哪里去了？
> 没有了，永远的走过去了！
> 我亲自听见它沉沉的缓缓的，一步一步的，
> 在我床头走过去了。
> 我坐起来，拿了一枝笔，在纸上乱点，
> 想将它按在纸上，留下一些痕迹，——
> 但是一行也不能写，
> 一行也不能写。
> 我仍是睡在床上，
> 亲自听见他沉沉的缓缓的，一步一步的，
> 在我床头走过去了。

鲁迅好像在体味着诗中的情绪,声音很低,念得很慢,待念完,两人都不出声,房中静静的,仿佛真有什么东西悄无声息地走过去了。这情境,周作人直到几十年后想起,还是宛如就在眼前。

其实他对"过去的生命"的回望,又何限于"这三个月"?这几年他情绪高昂地做文章,参加各种社会活动,为新文化运动奔走呼号,就像是在演一出紧张热烈的戏剧,台上演戏的人是没有多少余裕反思的。现在周围的人各自走散,他苦闷彷徨,又在病中,倒像离开了舞台,置身局外了,这逼使他同时也给他一个机缘回顾这些年来走过的路。思前想后,他发现几年来伴随着他的那种壮怀激烈、雄心万丈的情绪再也找不回来了。难道这些年对历史前景乐观的期许不过是一厢情愿的梦?难道他们一直在追逐着的,不过是一个美丽的幻影吗?他真的很疑惑了。他的一首《梦想者的悲哀》里这样写道:

  我的梦太多了。
  外面敲门的声音,
  恰将我从梦中叫醒了。
  你这冷酷的声音,
  叫我去黑夜里游行么?
  啊,曙光在哪里呢?
  我的力真太小了,
  我怕要在黑夜里发狂了呢。

十二 迷惘

诗中的敲门声可不单是他在病床上听到的真实的声响，它象征令人烦恼沮丧的社会现实；诗里的"梦"也不是某天晚上具体的梦，它代表着周作人为之奋斗的理想。"梦"是何等的美好，可它却经不住冷酷的现实的撞击，梦是他精神的支柱，失去了梦，他还有什么呢？只剩下让他发狂的黑夜了。

周作人没有发狂。五月下旬，经过一段时间的治疗，周作人的病情已有好转，可以出院了。为让他彻底恢复，鲁迅替他租下了香山碧云寺西厢房，让他不受打扰地静养。香山在北京近郊，是北京人秋游赏红叶的去处，碧云寺坐落在半山腰，僻静清幽，养病是再好不过了。周作人租住的屋子位于高台之上，门前隔了一条路就是石阶，直通到寺外。西墙外直临溪谷，东边则有泉水绕寺而行，水上有一板桥，桥边有几株大树，夏日里乡民和马夫常把这里作了凉棚，在树下石头上歇息谈天。周作人病情已无大碍，住在这样的地方，听暮鼓晨钟、溪水潺潺，看山色明灭，真是风雅的生活了。三间厢房布置一番，一间做了卧室，一间做了书房，另一间给用人住。生活有人侍候照料，外间的事可以心安理得地不烦，——这不就是他父亲向往，也是他本人曾经醉心的那种"自由宽懈"的生活情调么？

可现在的周作人已不是过去了。他的心境并没有随身体的康复而好转，他的烦乱的情绪也没有因为闲适的环境而变得平静。古寺里平静无波的空气原是可以让他两耳不闻窗外事的，偏偏这时山下的种种事情在他是声声入耳，世事不来找他，他却忍不住要过问。每天下午都有一段时间令他焦躁不安，这是清华园的邮差送报的时候。周作人急切地等着从报上知道外间发生的事情,而报上的消息总是国事不宁、民生凋敝一类,让他情绪激动,几乎到发热状态。他知道这对养病无益,总想控制自己,可他又忍不住要看报,就像身上有伤的人,明知触着是很痛的,但是有时不禁仍要用手去摸。

有段时间,社会上议论纷纷的一件事是政府积欠教育经费,学校里无法给教员发薪水。某日他在报上看到一条消息:北京各校的教员上街游行,行至新华门,遭军警阻拦,北京大学的几位教员被殴伤,事后北洋政府发表的公报上却说,那是教员自己"碰伤"的。这真是欺人太甚,——三尺孩童面前也通不过的解释,居然堂而皇之登在政府的文告上,竟有这样耍无赖的政府!周作人怒极反要冷笑了。他马上写了一篇文章,题目就叫《碰伤》,以他特有的说反话的方式对军阀政府的行径来了一顿尖刻的讽刺。

讽刺可以发泄心中的愤怒,可那也只是一时之快,不能解脱他思想的苦闷。周作人明白,对于他,最切要的,恐怕莫过于对自己的思想做一番清理了。在山上的这段时间,他于关注着世事的同时,也在不断地自问自证自疑着,清算过去,也思索日后应该走的路。九月份,当他康复下山时,他对自己似乎已经有了一个新的定位了。

十三

『自己的园地』

还是住在碧云寺的日子里,他写过一首题为《歧路》的诗:

荒野上许多足迹
指示着前人走过的道路,
有向东的,有向西的,
也有一直向南去的。
这许多道路究竟到一同的去处么?
我相信是这样的。
而我不能决定向那一条路去,
只是睁了眼睛望着,站在歧路的中间。
我爱耶稣,
但我也爱摩西。
耶稣说,"有人打你的右脸,连左脸也转来由他打!"
摩西说,"以眼还眼,以牙还牙!"
吾师乎!吾师乎!

十三 "自己的园地"

你们的言语怎样地确实啊!

我如果有力量,我必然跟耶稣背十字架去了,

我如果有较小的力量,我也跟摩西做士师去了。

但是懦弱的人

你能做什么事呢?

周作人在给友人的信中更直接地说到了自己的困惑:"托尔斯泰的无我爱与尼采的超人,共产主义与善种学,耶佛孔老的教训与科学的例证,我都一样的喜欢尊重,却又不能调和统一起来,造成一条可以行的大路。我只将这各种思想,凌乱的堆在头里,真是乡间的杂货杂料店了。"种种对他不乏吸引力的主义学说像是散落的珠子,他找不到一根线将它们串起来。失去了信仰的人是痛苦的,倘若从没有过信仰倒也罢了,他却信奉过人道主义,拥抱过"新村"。曾经拥有,一旦失去,不免有一种空虚之感。五四高潮期,他曾卖力地宣传新思想,那是因为他有所信,同时他也相信思想启蒙对改变社会是有效力的。现在二者他都怀疑了,自然也就不会再去扮演冲锋陷阵的角色了。那么,他"能做什么事呢"?

他的答案是,去耕种"自己的园地"。1922年1月,他在《晨报副镌》上开了一个专栏,就叫做"自己的园地"。他在开场白里解释说:"所谓自己的园地,本来范围就很宽,并不限定于某一种:种果蔬也罢,种药材也罢,——种蔷薇地丁也罢,只要本了他个人的自觉,用了力量去耕种,便都是尽了他的天职了。"

他还特别为"蔷薇地丁"辩护说:"依了自己的心的倾向,去种蔷薇地丁,这是尊重个性的正当办法,即使如别人所说各人果真应报社会的恩,我也相信已经报答了,因为社会不但需要果蔬药材,却也一样迫切的需要蔷薇和地丁……倘若用了什么大名义,强迫人牺牲个性去侍奉白痴的社会,——美其名曰迎合社会心理,——那简直与借了伦常之名强人忠君,借了国家之名强人战争一样不合理了。"为什么他要那样急切地捍卫种"蔷薇地丁"的权利呢?"蔷薇地丁"是言其小,比起变革社会这样的大事来,凭了个人的志趣做事就微不足道了,而他所谓"自己的园地"的实际含义就是顺了一己的志趣去做。自从加入《新青年》编辑部以后,他所做的一切都是奔着变革社会这一大目标去的,现在他放弃这个目标转向个人的志趣,舍"大"而就"小"了,他当然要对人对己有个交待。知识分子与一般人的不同,也许就在于他更需要为自己的所作所为找到充分的理由。对周作人这样特别爱反省自己的人就更是如此,只有当他能够自圆其说,赋予"蔷薇地丁"足够的意义了,他才可以心安理得去耕种"自己的园地"。

1922年3月17日,周作人从报上看到一条消息:"非基督教学生同盟"发表宣言,称即将在清华大学召开的世界基督教学生同盟第11次大会"污蔑我国青年,欺骗我国人民,掠夺我国经济的强盗会议,故愤然组织这个同盟,决然与彼宣战"。宣言还说,"在中国设立基督教青年会,无非是要养成资本家的走狗"。周作人曾经对宗教表示过兴趣,并且认为艺术的起源大半是从宗教仪式中来，文学和宗教都有"忘我""入神"的特点，还有过"艺术必须是宗教的，才是最高的艺术"的断语。就在西山养病时，他在一封信里又提出要以基督教来改造充实中国人的心灵。不过他并不是宗教徒，就像前面提到的信里说的，他对耶稣如同对马克思尼采一样，是喜欢尊重却不能投入地信奉的，所以那篇宣言怎么说也骂不到他头上。然而他看了之后却很反感。以后的一段时间里，他又从报上看到北京学界发起成立"反宗教大同盟"的消息，当然又有宣言，而且比起学生来，态度更为激烈，像"有人类应无宗教，宗教与人类不能两立""宗教之流毒于人类社会十百千倍于洪水猛兽"这样的话都出来了。全国知识界的人士纷纷加入同盟，新文化运动的领袖人物蔡元培、陈独秀、李大钊等人也卷入非宗教运动，通电、声讨大会、公开谈话……几乎每天都在报上看到，一时之间，好像是否采取非宗教的立场已经成为进步与反动的分水岭，非宗教运动很有几分"顺我者昌，逆我者亡"的意味了。运动不断升温，周作人的反感也越来越甚。因为他从那些激烈的言词中听到了一种武断专横的声音，这声音与他在"自己的园地"里提倡的宽容精神是正相悖反的，宽容便是要尊重他人的选择，如此以群众运动的强大声势来取消个人信仰的自由，岂不是另一种形式的专制？而且粗暴的方式走到极端，岂不是要威胁到个人思想与言论的自由？

他不能听之任之了，虽说非宗教运动不是冲着他来，可是它采取的方式威胁到个人的权利，而从根本上说，个人选择的自由是"自己的园地"得以维持的条件。1922年3月31日，由周作

人挑头发表了《主张信教自由宣言》,宣言中说道:

> 我们不是任何宗教的信徒,我们不拥护任何宗教,也不赞成挑战的反对任何宗教。我们认为人们的信仰,应当有绝对的自由,不受任何人的干涉,除去法律的制裁以外。信教自由载在约法,知识阶级的人应首先遵守,至少也不应首先破坏,我们因此对于现在非宗教同盟运动表示反对。

此宣言登在《晨报》上,立时引起了新文化阵营内部的一阵骚动。中国自鸦片战争以来饱受西方帝国主义列强的欺辱,进步青年的心中有着强烈的反帝爱国情绪,反宗教运动正是嫁接在这种情绪上才轰轰烈烈开展起来的,现在周作人这样的新派人物站出来泼冷水,自然引起了不满。周作人很快发现自己处在了一片反对声中,不单青年人反对他,陈独秀也发表了致周作人等人的"公开信"。陈独秀此时已是中国共产党的领袖,陈独秀的出马让周作人意识到这场运动是有政党的背景的,他与陈的正面交锋肯定会影响到他与中国共产党人的关系。他与早期共产党人的关系一直不错,与李大钊、陈独秀的交往要比鲁迅更密切,对中国共产党人为理想献身的精神也是敬重的,他当然不愿看到这种良好的关系毁于一旦。然而事关原则——个人主义的底线——他不甘也不能让步。于是他又著文反驳陈独秀的观点。他的立场很鲜明,所争持者不仅是维护信教的自由,更在于"维护个人的思想自由"。——周作人已经无法为自己建立起新的信仰,但他却有了一个新的信念,那就是个人自由不可剥夺,对于他,这首先意味着个人的思想自由。"自己的园地"正是个人自由的一个象征。

十四 兄弟失和

◆ 一九二〇年代后期，周作人主持的《语丝》杂志因抨击时政被军阀查封，为逃避搜查，周作人甚至和刘半农到一日本友人家中藏身一个星期，其间几乎与世隔绝。图中左一刘半农，左二沈尹默，右二周作人。

◆ 一九二八年,北伐结束,但困兽犹斗的亢奋之后,周作人感到的是无聊和疲乏,二十年代最末的几年他在消沉中度过。

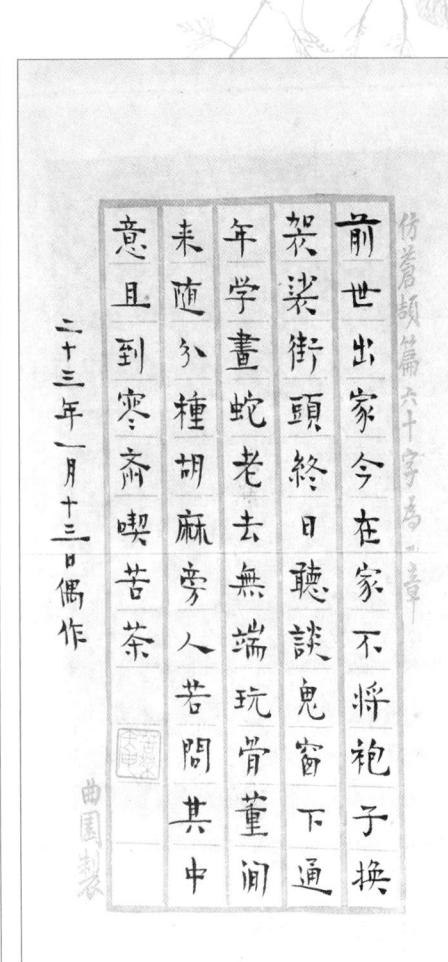

前世出家今在家，不將袍子換袈裟。街頭終日聽談鬼，窗下通年學畫蛇。老去無端玩骨董，閒來隨分種胡麻。旁人若問其中意，且到寒齋喫苦茶。

二十三年一月十三日偶作

半是儒家半釋家，先頭又不著袈裟。中年意飯窗前艸外道生，涯洞裏蛇徒款，低頭咬大蒜，未妨拍桌拾芝麻，談狐說鬼尋常事，祇欠工夫喫講茶。

三月一日韻　曲園製

◆ 周作人讥讽鲁迅"秋行春令"，他有他的矜持，绝不肯跟了青年人乱跑。但他对自己的意态消沉也怀着复杂的情绪，他不止一次提到自己"暮气渐深"。一九三四年五十寿辰之际，这样的感慨肯定是更强烈了，他写下了《五十自寿诗》，发表后得到多位文化名流的和诗，一时之间，成了文坛上一个很热闹的话题。

◆ 苦雨斋中的常客。图中前排左一张凤举、左二俞平伯、右一钱玄同，后排左一沈尹默、左二徐祖正、左三周作人、左四沈士远、左五刘半农、右一谌亚达、右二沈兼士、右四马裕藻。

◆ 二十世纪三十年代，日本加快入侵中国的步伐，周作人是以"爱智者"自诩的，在他看来，他应该干的事是坐下来，客观冷静地对对手来一番分析，弄清日本究竟是怎样一个民族。

◆ 一九三四年夏,周作人借学校放暑假的机会携妻到日本闲住了两个月。他写《日本管窥》,有意无意间也是寄希望于日本在对华问题上能有一番自我反省。图为一九三四年八月周作人在东京受到款待。

◆ 周作人太贪恋北平八道湾舒适的生活了，他的生活里并没有声色犬马，他贪图的是一份平静安逸。图为一九三五年周作人与羽太信子在北平。

◆ 北平沦陷，北大南迁，留下的教授寥寥，据说学校已承认周作人、钱玄同等为"留平教授"。图为一九三六年章（太炎）门弟子合影（从左至右为周作人、马裕藻、钱玄同、沈士远、朱逖先、沈兼士、许寿裳），其中马裕藻也是北大"留平教授"之一。

周作人在为自己"四面树敌"的时候,过去同他一道并肩作战的许多人都成了他的对手,像胡适、陈独秀,有些人虽与他并无太多思想上的分歧,像刘半农、钱玄同,也更多地埋头于学问,对过问世事已经没有他那样的冲动。如果说有谁在对世事的判断和采取的立场上有着更多的一致,那就是鲁迅了吧?他不会想到,《新青年》大家庭四分五裂之后,有一天他和鲁迅也会演出"分家"的一幕,鲁迅更是想不到。都说当局者迷,旁观者清,但他们周围的人,从家人到周围的朋友,又有谁能想到呢?

鲁迅与周作人关系之密切,是人所共知的。他们的关系远非一般的兄弟情谊可以形容,就以自家兄弟而论罢,他们两人由于年龄相近,学养相当,其关系就要比同老三周建人之间亲密得多。在外人眼中,周氏兄弟简直就是二位一体。两人学问上互相砥砺,译书做文的不分彼此,生活上的相互帮衬(更多的是鲁迅对他的提携照顾),前面已经说得很多了。他们对兄弟间的这份情感显然都很珍重,甚至将这情感涂染上了梦的色彩,希望她永久地延

十四 兄弟失和

续下去。兄弟俩都是有些怀疑主义而不容易乐观的，可在兄弟之间的关系上，两个又都很理想主义。在北京站稳了脚跟之后，他们在八道湾买下很大的宅院，把母亲、周建人的一家都接来同住，加上各自的家眷，构成了一个名符其实的大家庭，生活在一处，经济上也不分你我，钱都交在一处，大家一处吃饭，有钱大家花，——似乎是把他们之间的和睦关系投射到整个家里了。鲁迅对周作人鼓吹的"新村"一开始就不赞成，周作人自己很快也不起劲了，那是出于对社会对人群的怀疑，这怀疑不包括他们自己，不管他们是否想到过，事实上对于他们，八道湾就是一个具体而微的"新村"，——八道湾的大家庭生活不正是有点"空想""共产"的色彩吗？不管社会上怎样乌烟瘴气，令人不快，他们总相信，八道湾有一小块明净的天空，在这里他们还可以找到人生的一点温馨慰藉，他们的梦也至少有那么一点寄托。

　　八道湾的生活确乎有一种和睦安谧、其乐融融的况味。自他们出生以后，周家一直在走下坡路，祖父入狱、父亲早夭，不住地卖地、典房，终至家产荡尽；鲁迅与周作人起先是为求学，后来是为谋生，一直四处飘荡，一家人总是天各一方。现在二人在社会上有了身份地位，阖家住到了八道湾，三代人生活在一起，虽谈不上什么"家道复初"之类的话头，但照旧的眼光，周家也确是有那么点"中兴"之象了。

　　八道湾的生活自有她令人愉悦的性质。书房里窗明几净，纤尘不染，有一种适于读书做文的静谧氛围；时或有同事朋友、慕名而来的年轻人作座上客，清茶一盏，相对娓娓而谈。窗外则时有小孩的嬉戏声，给偌大的院子带来生气。到吃饭时，一大家子聚到一起围桌而坐，真也其乐融融。周作人素来是讲究"生活的艺术"的，他曾亲手在院中挖了一个三尺长、两尺宽的荷池，虽说从未长出半朵荷花，且此事成了全家人的笑柄，但他劳作之时，想必有类于他在日本"新村"田间掘地拔草时那样轻松愉快的心境，而八道湾在他的意识里也隐然是他的桃花源了。那时节这里的生活情调他虽没有向读者铺陈渲染过，我们于鲁迅小说《鸭的喜剧》的描述中倒也能感得几分。

《鸭的喜剧》虽是小说，其实记的倒都是实情，故事的地点，就在八道湾周宅里，文中提到的"仲密"是周作人的一个笔名，"仲密夫人"自然也就是周作人的妻子羽太信子了。故事的主人公则是照用原名的——便是俄国盲诗人、童话作家爱罗先珂。爱罗先珂是个有传奇经历的人物，四处漂泊，到过许多国家，过着近乎流浪的生活，因为有无政府主义思想，他在各国当局的眼中皆属不安定因素之类。1921年他因参加"五一"游行被日本政府驱逐出境，辗转来到中国，先在哈尔滨，后又到上海。鲁迅、周作人早知爱罗先珂其人，对他的遭际不用说是极同情的。1922年，正是在他们的推动之下，蔡元培特聘爱罗先珂到北京大学教授世界语（爱罗先珂主要是以世界语从事写作的）。他在北大教书时，就住在八道湾，确切地说，是和周作人一家一块住，一来他是盲人，生活需要照顾，二来他与周作人是北大同事，而周作人正好又刚刚自学了世界语。爱罗先珂初到的一段时间，许多地方请他以世界语做演讲，通常都是周作人作翻译兼向导。

最初热闹了一阵之后，爱罗先珂很快被冷落了，再没有什么社会活动，北大听他讲世界语的人也越来越少，最后只剩下两个学生。他是个很爱热闹、不失赤子之心的人，在习惯于死水般平静的生活的中国社会里，不由感到一种身在沙漠一般的寂寞了。《鸭的喜剧》里就写到他对鲁迅抱怨在中国生活的寂寞。有一天晚上鲁迅去看他，他回忆起旧游之地缅甸，说那里夏夜的蛙声虫鸣如何的美妙，结末则抱怨北京连蛙声也听不到。鲁迅当然为言宽解，并说这时蛙声是有的，待到雨后更可听到蛙声响成片。想不到爱罗先珂很顶真地听了鲁迅的话，几天后还买了十几个蝌蚪回来养了。周作人原打算养荷的那个废池现在派上用场，成了蝌蚪们的新家。蝌蚪在池里游来游去，八道湾平添了几分热闹，爱罗先珂常踱到池边来访它们，盲人自然是看不见的，于是孩子们不时来向他报告"他们长了脚了！"一类的消息，他总是高兴地微笑道："哦！"

爱罗先珂向来主张自食其力，常说女人可以畜牧，男人则应该种田。说起来这同周作人鼓吹的"新村"也是相通的。他屡次劝羽太信子养蜂，养鸡，养牛，养猪，乃至养骆驼。后来周作人家里果然有了许多小鸡，满院飞跑，——当然是羽太听了他的劝告，周作人想必也很觉有趣吧？后来爱罗先珂又买了四只小鸭，看着遍身松花黄的小鸭在地上蹒跚地走，互相招呼，院里老老少少都很开心，商量着买泥鳅回来喂他们：

他于是教书去了；大家也走散。不一会，仲密夫人拿冷饭来喂它们时,在远处已听到泼水的声音,跑到一看,原来那四个小鸭都在荷塘里洗澡了,而且还翻筋斗,吃东西呢。等到拦它们上了岸,全池已经是浑水,过了半天,澄清了,只见泥里露出几条细藕来;而且再也寻不出一个生了脚的蝌蚪了。

"伊和希珂先,没有了,虾蟆的儿子。"傍晚的时候,孩子们一见他回来,最小的一个便赶紧说。

"唔,虾蟆?"

仲密夫人也出来了,报告了小鸭吃完蝌蚪的故事。

"唉,唉!……"他说。

——这是小说里的一个片段,里面有那位童心未泯的盲诗人的生动素描,同时也让我们看见八道湾愉快和睦的生活的一斑了。周作人也写过记爱罗先珂的文章,其中写诗人住在他家的情形道:"爱罗君寄住在我们家里,两方面都很随便,觉得没有什么窒碍的地方。我们既不把他作宾客看待,他也很自然与我们相处,过了几时不知怎的学会侄儿们的称呼,差不多居于小孩子的辈分了。我的兄弟(按指周建人)的四岁的男孩是一个很能够顽皮的孩子,他时常和爱罗君玩耍。爱罗君常叫他的诨名道:'土步公呀!'他也回叫道:'爱罗金哥君呀!'但爱罗君极不喜欢这个名字,每每叹气道:'唉,唉,真窘极了!'"

爱罗先珂在八道湾生活得很自在,当然是周家原本就有一种自在轻松的气氛,如果客人到的是一个气氛紧张、家人彼此戒备

十四 兄弟失和

的家庭，也就自在不起来了。

爱罗先珂受不了中国生活的寂寞，待了一年不到的时间便回国了，再也没有回来。但在寂寞之中，八道湾的那段温馨生活想必还是会给他干涸的心田一些润泽的。周作人其实也有类于爱罗先珂的寂寞之感：新文化运动正在开始退潮，《新青年》同人都走散了，他深感在这无声的中国的寂寞，——"我在山上叫喊，却只有反响回来，告诉我的声音的可痛地微弱。"在这样的心境里，八道湾的生活对于他多少有一点沙漠绿洲的意义吧？至少相对于他在社会上感到的那种疲惫、压抑之感，家庭的温馨可以给他某种慰藉。

当然八道湾这个大家庭里也不是每个成员都那么自在。老三周建人就有某种程度的压抑感。这压抑感是来北京后产生的，不过追根溯源，又得从很早以前说起。当年鲁迅、周作人都出去求学，先是南京，后到日本，周建人却一直留在家里，一方面经济上窘迫，要供三人在外读书实在不堪重负，另一方面若三兄弟都离开，家中即无人支撑门面，祖父年高，父亲早夭，家中没有一个男丁的日子是不可想象的，加以周建人自小生得瘦弱，母亲自是"最小偏怜"，于是他就留在了家中。鲁迅、周作人回国后在家乡待了几年，又先后去了北京，此时母亲、朱安、周作人的家小都在绍兴，他本人又与羽太信子的妹妹结婚，绍兴的一大家子还是他照应。为这个家他是做出了个人的牺牲的：到他长成的时代，社会上变化的情形已很明显，株守家中，个人不大可能有好的发展，他自己当初也想出去求学，不过后来听从兄长之劝，还是留在家里承担责任了。一样的三兄弟,两个出去了唯他在家自学,从某种角度说,是有点不公平,两个哥哥也意识到这一点,所以鲁迅回来度假完婚,周作人准备赴日留学的那一次,鲁迅曾郑重地向他保证,将来他和周作人学成回国,赚一个钱都是大家合用,将来兄弟几个生活在一起,永不分家。

待到时机成熟,两位兄长果然兑现了过去的诺言,1919年全家迁到北京,一起住在八道湾,而且确实经济上不分彼此。周建人在家乡一直在教育界做事,若继续教书,也可养家糊口,到了北京则意味着失去工作。没有受过正规教育,一直在绍兴那样闭塞的小城,他的见识、学养自然无法与哥哥相比,一时也找不到合适的职业,两个哥哥自然要为他设法,到北京的第二年就让他进了北大攻读哲学。上学不仅意味着没有收入,还需他人的资助,若是只他一人也就罢了,他还有妻子儿女,都只能指望他的。这一切都由大哥二哥毫无怨尤地承担了。既然他以往为家做出了很大牺牲,现在这样,倒也合情合理,可周建人自感现在是哥哥养活他们一家,心里很有些不是滋味。而且他们现在都是在社会上有声望的人,他的北来因此更有"投奔"的味道,他也就越发有寄人篱下之感了。

大家庭的生活是由一连串的琐事构成,整日生活在一起,免不了磕磕碰碰,一碗水要端平实在是难。虽说是有钱大家花,可八道湾是信子掌家,钱都交在她手里,两个哥哥待他不薄,不会拒绝他的要求固是一方面,但他既是没有收入的人,又有那样一种心理,当然不愿随意开口,相形之下,周作人信子一家花钱随

十四 兄弟失和

意大方，他这一家则要拮据多了。糟糕的是芳子因此心理极不平衡，深怨丈夫无能，让她在家里抬不起头来。芳子在绍兴同周建人结婚后，两人感情还算不错，但后来他们的第一个孩子不幸夭折，给芳子很大刺激，从此她就常发癔症，脾气也大坏。她和信子是姐妹，原是亲密的，现在看到信子掌家，阔绰花钱，未免眼热，自己似乎就低了一等。这样的处境，她都归罪于丈夫的无能，初时是冷眼冷语，后发展到大吵大闹，当着众人给他难堪。有一次周作人周建人两家准备出门游玩，周建人想他自己当然也要跟了去的，不想走到车子门口，芳子冷了脸对他说："你也想去吗？钱呢？"

他和芳子的感情越来越坏，芳子的奚落加重了他在这个家里原本就有的压抑感，而他有苦难言——他的委屈，他的苦衷是说不清道不明的，无法向兄长启齿。他感到再在这个家里待下去太难受了，于是请求大哥二哥赶快给他找工作。1921年10月，经人介绍，鲁迅为他找了份商务印书馆的校对工作，几天后他即告别妻子儿女，只身启程赴上海了。

两个哥哥不愿看到这局面，他们当然知道小弟想离开家的原因，但对家中的矛盾，他们也是束手无策。鲁迅当年说过要兄弟在一起永不分离的，这决非虚词，可现在相聚才两年多的时间，三兄弟当中倒有一个离开大家庭了，这一去就跑到上海，还会不会回来，也就难说得很了。

周建人的离家是个不祥的征兆，不过八道湾的大家庭并没有因此陷入危机：毕竟，这个家里最重要的角色是鲁迅与周作人，在某种程度上，周建人只是二人亲密关系的陪衬，他的走开并不意味着大家庭的解体，也不会在两个哥哥的关系中投下阴影。他出走以后，八道湾很快恢复了它的平静，一年多以后，这个大家庭才无可挽回地解体了。

鲁迅与周作人何以又反目成仇了呢？事情来得很突然。

1923年7月14日，鲁迅日记中很突兀地出现了这样一句话："是夜改在自室吃饭，自具一肴，此可记也。"何以"可记"呢？没有交待。不过既然鲁迅那晚不像往常一样与周作人在一处吃饭，那意味着二人有隔膜了。7月18日，周作人当面交给鲁迅一封信。二人住在一起，有什么话可以当面说，似乎没有必要写信，鲁迅感到此举大不寻常。果然，那是一封绝交信——

> 鲁迅先生：我昨日才知道，——但过去的事不必再说了。我不是基督徒，却幸而尚能担受得起，也不想责难，——大家都是可怜的人间，我以前的蔷薇的梦原来都是虚幻，现在所见的或者才是真的人生。我想订正我的思想，重新入新的生活。以后请不要到后边院子里来，没有别的话。愿你安心，自重。7月18日，作人。

作人对大哥突然疏远冷淡地称起"先生"来了，这是从何说起？"蔷薇的梦"指的是他对兄弟情谊所抱的幻想，现在这幻想破灭了，信中的语气似乎传达的是一种大梦初醒的感觉。"真的人生"则显然是指生活中令人不快的、阴暗的一面，而正是鲁迅做了什么对不起他的事让他看见了他不希望看到的人生的这一面，说"不想责难"，当然是他认为他完全有理由责难鲁迅。鲁迅做了什么伤害他的事呢？信中只字未提，也不想让鲁迅提起或是解释，大有"你做的事你自己清楚"的意思。但鲁迅读了信如堕五里雾中，一点也不明白。他想找周作人问问清楚是怎么回事，但周作人没来，显然，周作人写信时已经打定主意要同鲁迅决裂了。

接下来是沉默的一周。真不知道这兄弟二人这一周是怎么过的，可以想见八道湾的大院落那一阵子笼罩在一种异样的空气之中，表面上仍是平静的，却又紧张压抑，令人不安。就这样在一个院子里形同陌路地过下去吗？鲁迅忍受不了了。7月26日上午，他到砖塔胡同去看房，下午就开始在家中收拾书籍，8月2日，他就带着朱安搬走了。

两兄弟就这么不明不白地分手了。鲁迅后来又回过一次八道湾，那一次还同周作人在他一手缔造的那个家里碰了面，结果却是大打出手，且在外人面前破了脸。那是鲁迅迁出八道湾十个月以后。1924年6月11日的下午，鲁迅回八道湾取他留在那里的书籍什物，刚进得西厢房，周作人与羽太信子即出来阻止，不单恶言相向，而且动粗打他，其后又打电话招来信子的哥哥重久及二人都熟识的张凤举、徐耀辰，羽太信子向他们大吐苦水，诉说鲁迅的罪状，而周作人也在一边帮腔。据说周作人拿起一尺高的狮形铜香炉向鲁迅头上扔去，幸得别人接住才未打中。又一说是周作人用一本书远远朝鲁迅扔去，鲁迅置之不理，专心捡书。而对那些赶到想开头调解的人鲁迅则从容辞却，说这是家里的事，无烦外宾费心。来者无话可说，鲁迅默然取出书籍物件，也就离去。

周作人向来给人谦谦君子的印象，都说"君子绝交，不出恶声"，要说写那封绝交信时的周作人还与他一贯的作风相符，那么此番不单出恶声，而且还动粗，与他平素的作为竟是判若两人了。周作人何以如此失态？谁都不知道。

鲁老太太曾对人说："这么要好的兄弟忽然不和，弄得不能在一幢房子里住下去，这真出于我意料之外。我想来想去也想不出个道理来。"而且她也看不出有任何先兆，知道同住一院的兄弟二人不说话以后，她对一位同乡说："老大和老二突然闹起来了，也不知道是什么事情，头天还好好的，弟兄二人把书抱进抱出的商量写文章。现在老大决定找房子搬出去。"鲁迅、周作人显然都没有对家里人细说此事的原委，对外人则更是闭口不谈了。于是失和事件罩上了一层神秘的色彩。因为周氏兄弟都是现代文学史上的名人，一向又是那样亲密，此事也就特别引起了人们探究的兴趣。

一种经常被提及的说法是，二人的失和是由经济问题而起。八道湾大家庭是羽太信子主持家政，鲁迅的钱也都交到她手里。信子不知节俭，花钱阔绰，许多东西都要买日本货，不论大病小病，又都要请日本医生，所以虽然鲁迅、周作人的薪水加起来有六百多元，家里还是常常入不敷出（据说按当时的情形，三四十元钱即可维持一个三四口之家中等水平的生活，六百多元养八道湾十几口人，应是绰绰有余了）。八道湾大家庭里，周作人、周建人

十四　兄弟失和

都有孩子，鲁迅则只有朱安一人，不用说他在经济上做出了牺牲，而且身为大哥，他很爱护两个弟弟，逢到家里钱不敷用，都是他出面举债，而这样的四处借钱，在他是经常的事，实在是不堪重负。他当然有理由对信子的持家方式表示不满，但大多数情况下，他都隐忍不发，想自己不去计较总可保住家庭的和睦了。有时他也劝周作人说说信子，花钱得有点计划性，不能有一个花一个。周作人想必也向信子提起过，但结果也许往往是引来信子的大吵大闹。

这里有必要说说信子这个人了，因为她在兄弟失和事件中显然扮演了重要的角色。鲁迅和周作人后来都隐隐地流露过这层意思。鲁迅曾辑成《俟堂专文杂集》一书，题记后用"宴之敖者"作为笔名，又曾用以命名《铸剑》中的复仇者黑的人，他曾向许广平解释，这里面包含了"被家里的日本女人驱赶出去"的意思（"宴"字可拆解为"宀""日"和"女"，"宀"为家，"宴"即寓"家里的日本女人"之意了）。周作人虽没有明确说兄弟反目是由信子而起，然晚年却也大体认可一位学者的说法，那位学者引证的是鲁迅的好友、与周作人也很熟识的许寿裳的判断："他们兄弟不和，坏在周作人那位日本太太身上，据说她很讨厌她这位大伯哥，不愿同他一道住。"

许寿裳说羽太信子"是有歇斯底里性的。她对于鲁迅，外貌恭顺，内怀忮忌"。前一句话是有根据的，她和妹妹都患有某种说不清楚的癔病，也不知是否家族里有这样的病史，总之是一生气就发病，一发病就吵吵闹闹，弄得家里不得安宁。自嫁到周家之后，周作人待她很好，一来二人不是包办婚姻，自有感情基础，二来周作人一向对女性的处境怀有深切的同情，信子来到异国他乡，人地生疏，言语不通，更需照顾，三则他生性谦和，遇事总是容让的。知道信子有病后就更是事事迁就她了。信子是下女出身，没什么教养，与周作人根本不在一个层次上，碰到夫妻间有摩擦，周作人想来多有对方不可理喻之感，照他的为人，肯定是敷衍过去算数。鲁迅对信子持家的不满信子当然是知道的，她也就因此对大伯子怀恨在心了。正像鲁迅不便当面说弟媳羽太信子的不是一样，羽太信子即使对鲁迅"内怀忮忌"，也不敢坏了长幼之序，将她的不满对鲁迅表示出来，只好暗地里发泄。鲁迅的发妻朱安曾向人说过："她（指信子）大声告诫她的孩子们，不要亲近我们，不要去找两个'孤老头'，不要吃他们的东西，让这两个'孤老头'冷清死。"

既然都不便当面说，当然就只有对周作人说，于是周作人无形当中处在了兄长与妻子的夹缝里，要扮演居间调停的角色。他是个不理俗务的人，"惟整日捧着书本，其余一切事情都可列入浪费精力之内，不闻不问"，即使孩子在身旁哭闹，他也可以无动于衷地看他的书。像信子乱花钱之类，即使他自己有不满，恐怕也懒得计较，何况他自己于物质生活上也是很讲究的。但是鲁迅既不止一次地向他提起，他就不能不过问，过问的结果是信子对鲁迅的敌意日甚一日，同他吵闹时，也许还伴随着对他在鲁迅面前显得"怯懦"的不满，于是他越发觉得他的日子不得安宁了。据许广平称，鲁迅对她说过，周作人"曾经和信子吵过，信子一

十四 兄弟失和

装死他就屈服了,他曾经说:要天天创造新生活,则只好权其轻重,牺牲与长兄友好,换取家庭安静"。

然而果真如此,周作人在失和事件中又何以显得那样冲动,好像受了天大的委屈呢?有一种说法是,信子曾向周作人造谣说鲁迅调戏她,她又对周氏兄弟的朋友章川岛说过,鲁迅在他们卧室的窗下听窗,但章称那根本不可能,因为窗前种满了鲜花。另有一些材料说,鲁迅与信子的关系原本就非比寻常,二人曾经相好过,周作人一直蒙在鼓里,在同信子的一次口角中,信子将此事抖落出来,于是才有了周作人绝交信中"我昨日才知道"式的恍然大悟。

最后一种说法用来解释周作人的一反常态似乎是最说得通的,可是谁也不能提供确凿的证据。也许事情的真相永远也无法弄清,因为据说知道内情的徐耀辰、张凤举对此事一直三缄其口,而周作人(为什么要同鲁迅闹翻只有他心知肚明)将他日记中涉及此事最要紧的十余字剜去了,晚年写回忆录,他还是避实就虚,抄了一段旧文说明他的态度,其中说道:"……辩解总难说得好看。大凡要说明我的不错,势必须先说对方的错,不然也总要举出些隐密的事来做材料,这都是不容易说得好,或者不大想说的,那么即使辩解得有效,但是说了这些寒伧话,也就够好笑,岂不是前面驱虎而后门进了狼么?"话说得很费解,是循"家丑不可外扬"的原则,还是决意要"免俗",保持住他的矜持的姿态?

我们千真万确知道的只有一点,那就是自从那封绝交信以后,周作人与鲁迅就彻底决裂了，而自那一次鲁迅回去取书发生争执以后，二人就再没有见过面。周作人字"启明"，鲁迅字"长庚"，二人的字分别是两个星宿，过去有"东有启明，西有长庚，永不相见"的迷信说法，谁知在周氏兄弟身上却成了事实。

十五 斗士

在失和以后相当长的一段时间里,周作人和鲁迅在精神上却依然存在着一种盟友的关系。不管错在哪一方,他们的分手是由于个人的恩怨是可以肯定的,而他们的关系远不止于兄弟间的个人情感,更有思想的一致,精神的相通,个人关系破裂了,可在文坛上,在社会面前,他们仍是同一战壕中的人。外界的压力常迫得二人配合作战,令人惊讶的是,这对结下不可解的怨仇的兄弟面对共同的敌人,有时步调竟显得惊人的一致。

这里首先要说到《语丝》了。这份周刊的创办种因于周氏兄弟的学生,也是同乡的孙伏园。孙原是《晨报副刊》的编辑,有一次因为上司抽去了鲁迅的稿子就同上司起了争执,闹到不可开交,最后是愤而辞职。孙伏园既是为自己砸了饭碗,鲁迅觉得有义务支持他,于是就商议另办一个刊物,这便是《语丝》。刊物的名字来得很有趣,是几个商议的人拿了一部诗集来,随意指一个字,分两次指出,指着什么是什么,凑在一起是"语丝"二字,似通非通,似还可用,于是就这样定下了。

《语丝》的发刊辞是周作人撰写的:"我们几个人发起这个周刊,并没有野心和奢望。我们只觉得现在中国的生活太枯燥,思想界太是沉闷,感到一种不愉快,想说几句话,所以创刊这张小报,作自由发表的地方。……我们并没有什么主义要宣传,对于政治经济问题也没有什么兴趣,我们所想做的只是想冲破一点中国的生活和思想界的昏浊停滞的空气。我们个人的思想尽自不同,但对于一切专断和卑劣之反抗则没有差异。我们这个周刊的主张是提倡自由思想,独立判断,和美的生活。"这里的思想与五四的精神乃是一贯的,可说是《新青年》"随感录"的某种延续,要说有不同,那也许是少了几分新文化运动高潮期特有的"登高一呼"的气势,多了一点沉着和冷静。

在《晨报副刊》里,鲁迅和周作人就是重要的撰稿人,到了《语丝》,周氏兄弟更是台柱子,几乎每一期都有他俩的文章,大多排在显著位置,并且两人的文章常常就排在一起。还在办《语丝》之前,孙伏园就经常往来于鲁迅与周作人之间,在两兄弟失和以后,鲁迅离开北京之前的一两年时间里,孙伏园往往是同一天或隔一天,先后到两家,或者为办杂志,或为其他事,有时还是受了一方的委托去向另一方询问或交涉。

《语丝》的班底既多为《晨报副刊》的撰稿人,内容、风格上自有相通处,周氏兄弟的文章与此前也并没有明显的变化。然而《晨报副刊》是人家的地盘,发文章不免受制于人;此外那是兼收并蓄的,也就没有鲜明的特色。《语丝》是自己的刊物,当然可以放言无忌,畅所欲言。同时《语丝》虽然不是同人杂志,却有"提倡思想自由,独立判断"的立场,以社会批评文明批评为主,而固定的投稿者又只有五六人,于是在不经意间显示了自己的特色,用鲁迅的话说,即是:任意而谈,无所顾忌,要催促新的产生,对于有害于新的旧物,则竭力加以排击,——但应该是怎样的新,却无明白的表示。因为对"应该是怎样的新"没有明确的表示,《语丝》"要催促新的生长"就更多地通过"对于有害的旧物的排击"来实现了。《语丝》上的文章因此大多是批判讽刺性的,后来人们便把《语丝》文章特有的一种大胆泼赖、尖锐犀利的风格称作"语丝体",而"语丝体"的代表无疑是周氏兄弟的文章。

讽刺,用大白话说,就是骂人,挑毛病。周作人像鲁迅一样,正是要在病态社会的机体上挑出毛病来,让人们对不良的生活产生怀疑,不能安之若素,意识到什么才是真正属于人的"美的生活"。周作人"骂"的对象,有时候是抽象的无形的,比如在一篇《女裤心理之研究》中,他"骂"的是礼教、禁欲主义的"忌讳":某教育联合会郑重其事地通过了一项议案,规定女学生的制服"袖必齐腕,裙必及胫",决不允许"豁敞脱露",周作人由此说开去,很痛快地揭了假道学的阴暗心理——表面道貌岸然,实则是"一个戴着古衣冠的淫逸本体"。有的时候,他的"骂"则是冲着具体的目标。有具体的目标就特别容易招来论敌,就容易打笔仗,周作人从来不怕打笔仗,而《语丝》上的文章往往也是在打笔仗时更见锋芒,更显得精神百倍。

《语丝》的论敌中,最出名的要数《现代评论》的一拨人。《现代评论》是与《语丝》同一年创刊的一份以政论为主的周刊，主要撰稿人有王世杰、高一涵、胡适、陈源（笔名西滢）、徐志摩等人，都是大学教授，自由主义知识分子。这些人像《语丝》同人一样，原都是新文化阵营中人，只是到启蒙高潮过去后，选择了另一条路，简单地说，他们对实际的政治活动有兴趣，也愿意以自己的方式与当局（即北洋军阀政府）合作，有时站在当局的立场上说话。《语丝》同人则像周作人说的那样，"对政治经济问题没有什么兴趣"，同时将统治当局看作封建余孽，十足的专制政府，对它的种种只有无情的揭露抨击。既有这样的分歧，周氏兄弟对《现代评论》诸人的不满以至不屑就是很自然的了。这种不满又与人际关系不无关联：围绕在《现代评论》周围的一拨人大都有留学英美的背景，以周氏兄弟为首的一群人则或是留学日本，或是江浙人氏。种种因素加在一起，使得"语丝派"与"现代评论派"犹如薰莸之不能同器。前者讥讽地将后者称作"正人君子"，对其接受官方的津贴更是大加奚落，周作人说《语丝》"用自己的钱，说自己的话"就是针对这一点说的。事实上这也是《语丝》可以傲视《现代评论》的地方：它不宣传党派的主张，不站在官方的立场上说话，只是本着个人的良知来对社会发出自己独立的声音。

虽然气味不投，周作人起初与"正人君子"的关系并不是很紧张，鲁迅对那些人一直是"敬"而远之，他倒还维持着礼尚往来。比起鲁迅的嫉恶如仇，周作人的谦冲儒雅显然也是那批人更容易接受的。若不是由于女师大风潮，周作人也许不会与他们舌枪唇剑地大打笔仗，正面地冲突起来。

女子师范大学原先的校长是许寿裳，因反对当时的教育总长章士钊，他同其他大学的一些校长辞了职。接替他的是原英文系主任杨荫榆。这位女校长在美国留学多年，接触过西式的民主自由，却头脑守旧，又且性格怪僻，行起事来竟是地道的中国家长作风。她的治校之法是把学校当家庭，把学生当儿媳，严加看管，限制其自由，"见一封信，疑心是情书了；闻一声笑，以为是怀春了；只要男人来访，就是情夫；为什么上公园呢，总该是赴密约。"鲁迅将她的那一套治校的做法称为"寡妇主义"。

许寿裳掌校时，作风是很民主的，现在一下换成这样一位校长，学生自然难以接受。孙中山到达北京时，学生们主张前往欢迎，杨荫榆挡着不让去，还说孙中山要搞共产共妻；又一回，几个学生因交通不便等原因未能如期到校，她严厉地令其退学，学生自治会请她收回成命，她拒绝了，而且对学生代表破口大骂。于是学生方面愈觉忍无可忍了，1924年秋天，一场"驱羊（杨）运动"终于热闹非常地爆发了。

周作人这时在女师大兼课，起初，他的态度毋宁是息事宁人的。有一天，两个他曾教过的学生来找他商量解决办法，她们是学潮中的中立派，说只要换掉校长，风潮就会自动平息。周作人当晚就给教育部打电话转达学生的意见，得到的答复似乎是有希望的。谁知后来章士钊当了教育总长，他支持杨荫榆，对学生采取强硬的立场。于是校长与学生的矛盾更加激化。1925年5月7日女师大开国耻纪念讲演会，会上校长与学生发生了冲突，两天后校长即召开评议会宣布开除学生自治会的六个职员（这里面就有后来成为鲁迅妻子的许广平)。周作人本来并未明确地站在学生一边,此时觉得校方的做法太过分了,便与同在女师大任教的几位教员站出来主持公道。他们发表了一个宣言,对学生表示同情,要求公正处理此事。宣言由鲁迅起草,周作人、钱玄同、沈尹默等人签了名。

事情至此,周作人的态度还并不是很激烈。他对任何形式的群众运动一贯是有着怀疑戒备心理的,他不希望事情闹大,他曾在一篇文章中劝告被开除的六位学生领袖就此歇手,不必做了群众运动的牺牲品,因为他深知群众性的运动起来时轰轰烈烈,待到高潮过去,往往又是一哄而散,到那时,领头的人就白白牺牲了。可就在宣言发表之际,《现代评论》上登出了陈西滢的一篇《闲话》,不单支持校方的立场,而且说女师大风潮"是北京教育界占最大势力的某籍某系的人在暗中鼓动",这里的"某籍"是指浙江籍,某系指北京大学国文系,宣言上签名的七人除一人之外都是浙江人,又多在北大任职或兼职,显然,陈是将矛头直接指向了周氏兄弟等人。由此为发端,围绕着女师大风潮,周作人与鲁迅等人一道,与现代评论派正式接上了火。

周作人与现代评论派打笔仗,并非单是为学生抱不平,他最不能容忍的是陈西滢文中大有挑唆北洋政府出面严厉镇压女师大学生之意。若陈西滢等人只是发表自己的主张,周作人虽反感,也还可以做到某种程度的宽容,然而要政府出面干涉,那不就像白话文运动时林琴南要借徐树铮之力镇压《新青年》、北大一样了么?这已然不是平等的争论,而是搞专制了。周作人和鲁迅马上反击，鲁迅写了《我的籍和系》，周作人则写了《京兆人》，文中写道："没有凡某籍人不能说校长不对的道理，所以我犯了法也还不明白其所以然，造这种先发制人的流言者之卑劣心理实在可怜极了。"

政府果然出来为杨荫榆撑腰了。这一年8月1日，杨荫榆得到教育总长章士钊的支持，带领军警、打手一百多人回校，强行驱赶学生离校，切断水电供应，并唆使军警殴打学生，最后将学生锁在校内。周作人立即写了《续女师大改革论》一文，指名道姓谴责章士钊说"总长对这回女师大事件决不能逃责"。这一回他真是怒不可遏了，斥责学校当局时用上了"丧心病狂，可谓至矣尽矣"这样激烈的词句。事态还在不断扩大，周作人的态度也随之越来越激烈，坚决。章士钊呈请段祺瑞政府强行解散女师大，在原来的校址设立女子大学，学生不肯屈服，继续占据校园，接连几天，当局派来接收学校的人与学生发生冲突，不少学生被殴打致伤。周作人这时完全站到学生一边，他参加了女师大学生自治会招集的会议，与鲁迅一起被推为校务维持会的委员，用他自己的话说，这时他已是"与女师大共存亡"了。有一次，他参加了学生家长会议，与章士钊正面冲突起来。这家长会是因解散女师大令下之后遇到反对而召开的，周作人本无子女在女师大，但他却是名叫张静淑的女学生的保证人，他就以此名义出席了家长会。这会是章士钊主持的，其意无非是让家长约束学生，服从命令。到会的二十余人，起初谁都没开口，周作人却对章士钊声色俱厉的一通训词无法忍受，头一个站出来反对，结果引来众人响应，章士钊气得拂袖而去。第二天，周作人又为女师大学生自治会代作呈文，——至此，他已经被卷入到学潮的中心，真成了学潮幕后的"黑手"了。

女师大解散之后，被强行拖出学校的学生只得另寻栖止，另外找了个地方，坚持与当局对峙，直到段祺瑞政府垮台，章士钊逃往天津，学生回到原校上课。这期间周作人一直是学生的支持者和代言人，校务维持会的活动，参加在新校址的开学典礼，继续给学生上课都不必说了，他还代表女师大几度到教育部去交涉，以致当局也认准了他是反对派的头面人物；第二年返校的学生开了"毁校纪念会"后不到十天，教育部又欲将女子大学与女师大合并为女子学院，以女师大为师范大学部，派林素园为学长，林首先要做的即是向周作人等人说明接受的理由。林素园到校的那一天，周作人等人与之论理，称校中教师早有宣言，根本不承认改组的合法性，林大为恼怒，大骂该校的教授是共产党。周作人是个"洁身自好"的个人主义者，与任何党派都无瓜葛，林素园指其为共产党，当然是胡说，不过这也从反面说明，周作人当时是如何的激烈了。

一面在和章士钊等人过招，一面周作人也在继续与陈西滢等人笔战。《现代评论》派诸人一直在给章士钊、杨荫榆帮腔，污蔑学生，诋毁支持学生的人。周作人听说陈西滢曾扬言于众，说"现在的女学生都可以叫局"（意思是说女学生像应招女郎一样"出台"），不由感到愤慨。当时女子出了闺房去读书尚属新鲜事，女学生在社会上易遭物议，但凡有一点事，小报上必是大肆渲染，人群中也是飞短流长。章士钊在停办女师大的呈文即污蔑女学生"不受检制，竟体忘形，啸聚男生，蔑视长上，家族不知所出，浪士从而推波，伪托文明，为驰骋。谨愿者尽失所守，狡黠者毫无忌惮，学纪大紊，礼教全荒"。周作人最容不得对女性的不尊重，他对章士钊的反感部分地也是由此而起，不过章士钊犹有可恕，毕竟他原本就是反对新文化的人，而信奉新文化的陈西滢也说出那样的话来，虽是私下里的闲谈，他也觉得不可饶恕了，何况此前陈在他的《闲话》里说女师大"好像一个臭毛厕"，"人人有扫除的义务"，已是语带轻薄。偏偏同属现代评论阵营的徐志摩还写文章赞美陈西滢，说他"对女性的态度，那是太忠贞了"。于是周作人写了《闲话的闲话之闲话》，将陈西滢的私下诋毁女学生的话揭出，斥道："许多所谓绅士压根儿就没有一点人气，还亏他们恬然居于正人君子之列。"

陈西滢连忙写信辩解，称他根本没说过那句话，——那是另一人说的，他不过是在场而已。进而他追问此说的来源，指责周作人造谣中伤。徐志摩将两方面打笔仗的信件加上传话者的信一起登在他主编的《晨报副刊》上，似在居间调停，事实上却是袒护陈西滢，以致时人称那是"攻周专号"，所谓"攻周"，原是指周作人，后来才把矛头又对准了鲁迅。那话周作人原是听张凤举说的，正待亮出这个证人，张却害怕闹到对质的地步，影响到他与那一边的关系，便竭力央求，请周作人不要说出。为息事宁人计，周只好含糊地说他是得之传闻，照晚年在回想录里的说法，这"等于认输"了。

十五 斗 士

然而陈西滢究竟有没有说过那句话其实并非问题的关键，问题的关键是陈西滢等人支持章士钊代表的北洋反动政府压制民主的立场。事实上，即使没有那句话，周作人与"正人君子"的笔墨官司也早已打起来了，而在"三一八"惨案中，周作人与鲁迅同章士钊、《现代评论》诸人的冲突达到了白热化的程度。

1926年3月18日，首都群众在天安门广场召开大会，反对帝国主义八国政府的最后通牒，会后举行示威游行，到铁狮子胡同向执政府请愿，正当学生代表同政府人员交涉时，执政府卫队向人群开枪，造成四十多人死亡，一百五十多人受伤，酿成震惊中外的惨案。进入所谓"民国"以来，这是当局第一次对手无寸铁的群众开枪镇压，鲁迅因将这一天称为"民国以来最黑暗的一天"。

那天周作人到燕京大学去上课，到校后即听说因学生去外交请愿，课不上了，正待回家，就见参加请愿的一个他认识的学生气冲冲地跑来，他虽未受伤，帽子上却被枪弹打了一个洞。听他报告惨案的经过，周作人大感震惊。果然，往家走的路上，不断遇到一些受轻伤的人，坐在车上流着血，往医院里去。第二天下起了小雪，铁狮子广场上还躺着好些尸体，被薄薄的雪覆盖，情状特别的凄惨。死者多半是青年学生，有些还是与他有关系的，像刘和珍、杨德群，都一直在他的班上听课，他做保护人的张静淑也在救护同学时身中四弹，生死未卜。为刘和珍、杨德群送行的那一天，周作人也去了，只见两个用衾包裹的人，只余脸部蒙着薄纱，隐约可以望见面容，封棺之时，周围的女同学失声痛哭，他不禁感到空气的沉重。他最看重生命，见不得流血，见不得生命无谓的牺牲，现在如此近切地看着两个夭折的年轻生命，想到不久前她们还在听他课的，他恍惚感到就像是自己两个女儿的姐姐死去了似的。而想到她们并非死于生老病死的自然法则，而是死于丧失人性的政府的镇压，他又感到了不能自已的愤慨。

那些天他心情郁闷，什么事也不能做。文人只有手中的一支笔，他便以文字来发泄胸中的愤懑，追悼枉死的学生。惨案发生的第二天，他就写了《为三月十八日国务院残杀事件忠告国民军》，文中称这次事件是"北京城中破天荒的大残杀，比上海五卅事件更为野蛮，其责任除政府当局段祺瑞、章士钊、贾德耀诸人直接负担，我们要求依法惩办外，对于国民军的首领也不能曲为谅解"。3月23日北京各界数万人在北大三院召开"三一八"死难烈士追悼大会，他送去了挽联，上面写道：

赤化赤化，有些学界名流和新闻记者，还在那里诬陷；
白死白死，所谓革命政府与帝国主义，原是一样东西。

两天后女师大追悼刘和珍、杨德群，他又送去一联：

死了倒也罢了，若不想到二位有老母倚闾，亲朋盼信；
活着又怎么着，无非多经几番的枪声震耳，弹雨淋头。

悲愤之情，溢于言表。而前面那副联中的"赤化""学界名流"

十五斗士

是实有所指的：陈西滢在发表于《现代评论》上的一篇文章中暗示，杨德群等人的死乃是受强迫、被人利用的。周作人读了之后既惊且怒，在他的记忆中，五四以来，知识分子还未曾有如此露骨地为当局者张目的。他马上写了《恕陈源》一文，指责陈西滢一类的人"使用了明枪暗剑，替段政府出力，顺了通缉令的意旨，归罪于所谓群众领袖，转移大家的目光，减少攻击的力量，这种丑态是五四时代所没有的"。

有意思的是，从女师大风潮到"三一八"惨案，在与当局、与《现代评论》派的对峙中，我们发现周作人的言论与鲁迅显示了惊人的一致，彼此的呼应、默契甚至比以往更令人瞩目，若非了解内情，简直不能想象二人已经翻了脸，形同陌路。晚年的周作人似乎有意要提示这一点，他在回想录中将二人那时的一些文字做了有趣的排比，比如在引述了鲁迅的名文《记念刘和珍君》之后他便提到了他当时写下的《新中国的女子》，文中复述了那些盛称中国女子大胆从容的报道，说这里"的确表示着中国机运的一点消息"。事实上处于激愤中的周作人甚至比鲁迅来得还要慷慨激昂，有朋友提醒他，在如此险恶的社会里与当局作对很危险，他的回答是，"自然，我也知道，但这是我的坏脾气，喜欢多说话，一时改不过来。至于危险呢，或者也就是通缉吧？因了言论而被通缉，倒也是很好玩的。"——言下很有将生死置之度外的气概。

十六

『两个鬼』

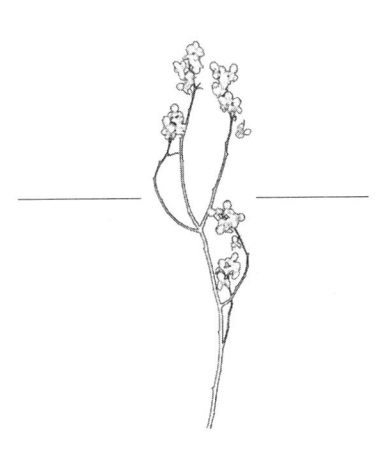

人往往是复杂多面的，尤其是像周作人那样的人。鲁迅常告诫说，要论人，就得论及人的全般。陶渊明在人们心目中历来是一个"采菊东篱下，悠然见南山"的隐士形象，鲁迅却特别提醒人们，五柳先生也有"金刚怒目"的时候。他那么说的时候，未必会联想到周作人，不过在三十年代，的确很有些人愿意把周作人来比陶渊明的。女师大风潮及"三一八"惨案中，周作人将自己身上"金刚怒目"的一面发挥到了极致，不过周作人毕竟是周作人，正像陶渊明之为陶渊明，最重要之点还是他的隐逸态度。

其实，即使在为学生奔走，与陈西滢等人笔战正酣之时，周作人也不是那么义无反顾。一方面，在众人面前，他的态度可以说是非常激烈，另一方面，当他独自面对自己时，他又对自己的所为感到怀疑：这么做有意义么，值得吗？常常在一轮舌剑唇枪过后，他会产生一种无聊、疲乏的感觉。有一天他从抽屉里找到了祖父的一本家训，读到其中这样一段话："少年看戏三日夜，归倦甚。我父斥曰：'汝有用精神为下贱戏子所耗，何昏愚

十六 "两个鬼"

至此！'自后逢歌戏筵席，聊忆前训，即托故速归。"他大发感慨道："我读了不禁觉得惭愧，好像是警告我不要谈政治什么似的。我真是非立志滚出这个道德漩涡不可，反对假道学和伪君子岂不是与反对无耻政客一样地危险，即使没有大之小之的各种灾难，总之也是白费精神，与看戏三日夜是同样的昏愚。"这篇题为《我最》的文章发表在《语丝》上，有些话是讽刺语，借了"惭愧"来表示对正人君子之流的蔑视，不过"立志滚出这个道德的漩涡"，过一种洁身自好的生活，又确是他内心的真实。中国旧式读书人一向是"达则兼济天下，穷则独善其身"，周作人身上本有着古来读书人的影子，经历了新文化运动的退潮，知识分子身处混乱的中国现实中，实在也看不到有何"达"的可能，何况周作人本性上又更适于宁静的书斋生活。若是从到南京求学时算起，他在独善其身的书斋生活与投身社会改革浪潮之间已有过好几番进退了，他本不想过问世事，熟识周氏兄弟的人都认为鲁迅"热"，周作人"冷"，可二十年代的周作人还没有"冷"到可以两耳不闻窗外事的地步，而中国社会的现实也太叫人烦心了，要视而不见并不像孩子在一边哭闹他仍能埋头读书那样容易。他已决意要埋头耕种"自己的园地"，可遇上女师大风潮、"三一八"惨案，他又实在不能安坐书斋，一次又一次，他最终还是被卷到了社会运动的风口浪尖。假如卷进去之后便即全身心地投入，倒也罢了，糟糕的是卷进去后又有另一个自我在冷眼旁观，令他怀疑、后悔、对自己不满。不止一次地，他陷入到自我的矛盾中。

虽然不像鲁迅那样无情地"严于解剖自己"，周作人却也是一个喜欢自我分析的人，他对自己内心的矛盾有非常清楚的意识。他自言心中有"两个鬼"："其一是绅士鬼，其二是流氓鬼"，两个鬼"在那里指挥着我的一切言行。……这是一种双头政治，而两个执政还是意见不甚协和的，我却像一个钟摆在这中间摇着。有时候流氓鬼占了优势，我便跟了他去彷徨，什么大街小巷的一切隐秘无不知悉，酗酒，斗殴，辱骂，都不是做不来的，我简直可以成为一个精神上的破脚骨"。可是当那"流氓鬼"要引着他尽兴撒野时，"绅士鬼"就会出来拦着，于是乎"流氓鬼"便住了手，甚而跑得没踪影了。奇的是若他跟了"绅士鬼"走，"学习淑女们的谈吐与仪容，渐渐地由说漂亮话而进于摆臭架子"时，"流氓鬼"又不答应了，要冒出来破口大骂"你这混帐东西，不要臭美，肉麻当有趣"。于是乎，"绅士鬼"又缩了头。周作人感到他既不可能扮演十足的"流氓"，也做不成百分之百的"绅士"，"流氓鬼"与"绅士鬼"二者都有他恋恋不舍的某种东西，他欣赏"绅士的态度"，却又钟情"流氓的精神"。"绅士的态度"是矜持、体面的，内底里是讲秩序，讲等级；"流氓的精神"即是反叛的精神，反叛现存的秩序，反叛权威，用鲁迅的话说，就是要给绅士们的"好的世界"添点乱，让其不那么如意。

　　要说鲁迅是反叛精神的化身，那么《现代评论》派诸人就可以看作是"绅士"的原型了。周作人身在"流氓""绅士"之间，常常不能协调身上的"两个鬼"，使之合而为一，也只好一会儿做"流氓"，一会儿做"绅士"了。因为有"绅士"的一面，他即使在与鲁迅并肩与现代评论派对阵时，态度上与鲁迅也有微妙的不同。鲁迅是棒打一大片，对正人君子一个也不放过，他则几乎只是和陈西滢一个人单挑。更能说明问题的是关于打不打"落水狗"的争论。鲁迅的《论"费厄泼赖"应该缓行》1949年以后曾多次选入中学语文课本，这篇名文直接针对的是林语堂，从头里说却是周作人引来的：女师大风潮以学生的胜利告终后，周作人便觉可以息兵罢争了，有位曾经提倡白话文的老资格人物吴稚晖出来说，章士钊既已倒台，再施以攻击便有打"死老虎"之嫌。周作人很有同感，马上撰文应和，提出应该讲究"费厄泼赖"精神，在一篇题作《失题》的文章里又说："打'落水狗'（吾乡方言，即打'死老虎'之意）也是不大好的事。……一旦树倒猢狲散，更从哪里去找这般散了的？况且在平地上追赶猢狲，也有点无聊卑劣，虽然我不是绅士，却也有我的体统和身份。"他这番话自然有他的矜持，同时也还留有几分奚落对手的"师爷气"，同在《语丝》上写文章，后来成为"幽默大师"的林语堂把话头接了过去，一本正经来了一通并不幽默的发挥："费厄泼赖精神在中国最不易得，……对于失败者不应再施攻击，因为我们所攻击的在于思想非在人，以今日之段祺瑞、章士钊为例，我们便不应再攻击其个人。"——以为对手败了，已然自据为胜利者的身份，有资格来行大度宽容了，林语堂实在要比周作人"老实"得多。

　　鲁迅看到周作人、林语堂的文章，大不以为然，立即写了《论"费厄泼赖"应该缓行》，力主"痛打落水狗"，他说，老实人以为，落水狗既已落水，就会忏悔，不再咬人，事实上却正相反，不打落水狗，就会再被狗咬——"他日复来，仍旧先咬老实人开手。"果如鲁迅所料,先是章士钊的党徒成立"女师大公理维持会",扬言要找那些帮助学生的教职员算账,其后又有当局屠杀学生的惨案发生。周作人的"费厄泼赖"眼见得是有些"迂"了,他写了《大虫不死》一文,对捎出不打"死老虎"招牌的人提出批评,其实是做了一番自我否定,也可以说,他是间接地接受了鲁迅的批评。

当然,单凭了鲁迅的文章是不可能将周作人身上的"绅士鬼"赶跑的,周作人也不会因为某一次在事实面前的碰壁就改变了习性,就此彻头彻尾做"流氓"。对这一点,他的论敌倒是一直有着准确的预感和判断,陈西滢等人一边同他打着笔仗,一边也就看出他与鲁迅的不同,对兄弟二人区别对待了。他比较兄弟二人道,"其实,我把他们一口气说了,真有些冤屈了我们的岂明先生,他与他的令兄比较起来,真是小巫见了大巫。有人说,他们兄弟俩都是他们贵乡绍兴的刑名师爷的脾气。这话,岂明先生自己也好像有部分的承认。不过,我们得分别,一位是没有做过官的刑名师爷,一位是做了十几年官的刑名师爷。"正是叫阵的当口,陈西滢的话也自然含讥带讽,不过即在挖苦中也可看出对二人态度上的差别,鲁迅一直是教育部的官员,"做了十几年官的刑名师爷"暗示的正是这一点,比较起来,对周作人还不能算是不留余地。正因为感应到了周作人身上"绅士"的一面,就有了这样有趣的情形:最先和陈西滢等人指名道姓打笔仗的是周作人,一开始他也确是《现代评论》诸人正面冲突的头号对手,所谓"攻周专号",首先是针对他的,可是笔仗打着打着,原先只是作为"周氏兄弟"组合而被扯进来的鲁迅越来越成为他们攻击的主要目标，被看作真正不能两立的冤家对头，"始作俑者"周作人倒被放过一边了。

相比起来，徐志摩的一段话更能表明"绅士派"人物对周作人的态度，他称鲁迅的作品他很少拜读，"平常零星的东西"（当是指鲁迅论战批评一类的文章）"即使看也等于白看，没有看进去或者没有看懂"；至于周作人，"作品我也不曾全看，但比鲁迅先生的看得多。他，我也是佩服的，尤其是他的博学。"说鲁迅的话是尽量地刻薄，不能当真；说到周作人，总还留着几分客气和尊重了。

看到这类来自论敌的有几分不是味的推许，周作人会作何感想？以他的矜持和孤傲，他当然不至于认对方为知己，不过语气里虽含着几分不恭，他知道"佩服""博学"云云，里面的确也道出了绅士派人物对自己的真实态度和评价，撇开论战不谈，这态度和评价倒是他当得起也乐于接受的（这从后来他与胡适之间厮抬厮敬的关系即不难看出了）：他心底里不就是以博雅自许，以他的性情，若非生当"乱世"，不就是想做一个博学的学者吗？

然而树欲静而风不止。"三一八"惨案后，进步文人受到军阀政府的通缉，周作人等一大批人都身列黑名单。北京已处在一片白色恐怖之中，气氛非常压抑，有进步思想的人甚至人身安全也受到威胁。许多文人学者都往南边去寻求新的生活了，鲁迅受林语堂之邀到厦门大学任教，林语堂原也邀了周作人，他却未成行，除了其他的原因外，他与鲁迅的过节显然也是一个心理障碍。

不管怎么说，他留了下来，继续主持《语丝》的工作。

困居北京，周作人被一连串从报上看到的，从友朋口中、信里传过的各种坏消息包围着，简直喘不过气来：在北京有张作霖在捕杀进步人士，上海有孙传芳在讨赤，其后又是国共分裂，蒋介石在各地清党，杀人如麻，不可胜计……北边的军阀政府与广东的革命政权原是对峙的局面，许多人将中国的希望寄托在南边北伐的成功，大批文人的离京南下就说明了这一点。周作人对轰轰烈烈的革命运动素来有畏惧之心，可他最初无疑是同情革命的。然而很快他就听出了那边的不谐和音，他看出南方的革命党和北方的军阀骨子里相似，预感到这表面上势不两立的两派无论谁掌了权，中国的事情还是一样的糟糕，因为两派思想上是一样的陈腐。果然，南边很快传来了大屠杀的消息，报上每天都能看到杀戮的报道，他曾经教过的一些学生也在"清党运动"中惨遭杀害。他在燕京大学教过的顾千里、陈丙中二人是他颇赏识的，是"文字思想上都很好的学生"，因为受到革命思想的感召，都到南方参加革命，却在为国民党出了很多力之后，被国民党以左倾的名义杀害了；北大的一个女学生刘尊一在北京时曾被军阀政府逮捕，后得幸免，曾到周家暂避一阵逃到南方去的，现在却因是"共党"在上海被捕了，生死未卜。想到这些年轻的生命的夭折，周作人抑制不住心中的悲愤，在一篇题为《偶感》的文章中他写道："听到自己所认识的青年朋友的横死，而且大都死在所谓最正大的清党运动里边，还是一件很可怜的事。青年男女死于革命原是很寻常的，里边如有相识的人，也自然觉得可悲，但这正如死在战场一样，实在无可怨恨，因为不能杀敌则为敌所杀是世上的通则，从本来合作的国民党里清除出而枪毙或斩决的那却是另一回事了。……普通总觉得南京与北京有点不同，青年学生跑去不知世故的行动，却终于一样的被祸，有的还从北方逃出去投在网里，令人不能不感到惘然，至于那南方的杀人者到底是何心理状态，我们不得而知，只觉得惊异，倘若这是军阀的常态，那么这惊异也将消失，大家唯有复归于沉默，于是而沉默遂统一中国南北。"

"唯有复归于沉默"是愤激之言，在愤激中他还无法保持沉默。他主持下的《语丝》不断地发表时政的评论，抨击现实，他本人不仅写了大量文章，而且在南方北方一片阴霾的情势下，他还有过十分"出格"的激烈举动。其一是"谢本师"事件。这位"本师"是章太炎，周作人求学日本期间曾与鲁迅等人一起从他学文字学，他一向敬重章的学问人品，也受到过章排满复古的民族主义思想的影响。可1926年，正当孙中山酝酿北伐之际，章太炎突然与军阀吴佩孚、孙传芳搭上了，组织"反赤救国大联盟"，自任"干事会"主席，通电全国，要讨伐赤党，引来舆论一片哗然。章太炎这样的革命先驱会有这样拉车向后的举措，周作人感到震惊，不能容忍。他不能自已地写下《谢本师》一文，表示他曾受过章的影响，始终尊章为师，不图"先生似乎已将四十余年来所主张的光复大义抛诸脑后了"，接着他便不留余地地说："这样的也就不是我的师。"

其二是在"清党运动"愈演愈烈之际，蔡元培与吴稚晖联名著文,支持"清党",而一向信奉自由主义、人道主义的胡适在血流成河的上海发表演说,对"清党"中血腥的屠杀避而不谈,却大谈中国至今容忍人力车夫故不配称作文明国之类,周作人从报端看到这种种言论,很快写了《怎么说才好》一文,愤激地说道:"我觉得中国人特别有一种杀乱党的嗜好,无论是满清的杀革命党,洪宪的杀民党,现在的杀共党,不管是非曲直,总之都是杀得很起劲……最奇怪的是知识阶级的吴稚晖忽然大发其杀人狂,而也是知识阶级的蔡、胡,身在上海,又视若无睹,此种现象,除中国嗜杀之说外别无方法可以说明。"如果说"谢本师"之际,周作人心中更多的是不满,语气中有几分"吾爱吾师,吾尤爱真理"的凛然,那么这一次当他指责蔡元培、胡适诸人时,心中更多的则是沉痛与悲哀了:毕竟,章太炎还是属于辛亥革命一辈的人,蔡、胡则都是新文化运动的领袖人物,倡言"民主""科学",思想是更先进的,他们对"清党"这样的暴力、这样的专制前奏都或是附和或是视若无睹,中国要成为文明世界一分子,中国人要想过上"人"的生活还有何希望?在这样阴暗的心情重压之下,他真不知"怎么说才好了"。

"清党"是在南方发生的,北方的"讨赤"则在他身边进行着。李大钊的遇难给了他很大的刺激。直到晚年,周作人还记得1927年4月李大钊被捕的那一天,那一天是清明节,他同友人到海甸郊外远足,在友人家中住了一宿,第二天回到城里,看到报上的消息大吃一惊,原来头天夜里北平的统治者军阀张作霖派兵袭击苏联大使馆,将搞国共和作的人都抓走了,里面就有李大钊。李

十六 "两个鬼"

大钊是他在北大的同事，他是非常熟识而有好感的，他们是《新青年》的同志，办《每周评论》时同心协力，他鼓吹"新村"时，李大钊又是《新青年》圈子里唯一支持他的人。李大钊后来成了共产党，周作人既对政治不感兴趣，与一切"主义"都保持着距离，当然对李鼓吹的共产主义学说不以为然，但是他欣赏李大钊为人的纯朴、谦和，佩服他身上那种为"主义"献身的精神——正像他不信仰任何宗教，却对那些真正甘为宗教献身的人有无言的敬重一样。在李大钊被捕后的日子里，他一直在为其担心，并且将李大钊之子李葆华接到自己家中藏匿，让他住在爱罗先珂先前住过的屋子里。

自民国以来，军阀政府逮捕进步文化人的事已有过许多次了，不过还没有有恃无恐地杀过人，陈独秀就因散发传单入过狱，却终能全身归来，周作人没想到，这一次张作霖则是当真下手杀人了：4月28日，李大钊等人被执行死刑。第二天的报纸上大书特书，李大钊等人临刑前的照片就登在报纸的第一版上。看着故人的仪容，回想过去在一起闲谈的亲切气氛，他真不敢相信，这样一个好人就这么被杀害了。

周作人此番的震惊更不是前此得知被捕消息时可比的了，一时之间，他甚至有一种大难将至的感觉。震惊可以带来恐惧，可是愤怒中的人有时是不知道什么是惧怕的。这时一家日本人办的报纸《顺天时报》发表文章污蔑李大钊，恰恰将周作人胸中的愤火燃到了顶点。这家报纸称李大钊为主义枉送了性命，若他肯自甘淡泊，不作非分之想，好好做学问，教学生，自可获得人们尊敬，如现在这般，有何值得？又劝诱道："在此国家多事的时候，我们还是苟全性命的好，不要轻举妄动吧。"——此种言论，简直情同戮尸。周作人对这家一向为日本军国主义势力张目的报纸素来反感，在为李大钊之死哀痛的日子里读到该文，更是怒从心起。他接连写了《偶感》《日本人的好意》等多篇文章，力斥其非，称李大钊"以身殉主义"，死而无憾，其高尚人格正是令人敬仰的，作为共产党的首领，他身无长物，清贫度日，但知为主义奋斗，正是一个不谋名利，真正"自甘淡泊"的人。至于劝中国的老百姓"苟全性命"，则"不能不说是别有用心，显系一种奴化的宣传"。

周作人写文章一向回环曲折，即写批驳性的文章也是多有反语，内敛而力避锋芒外露，现在他真是义愤填膺了，动于中而形于外，直抒胸臆，义正词严。他是出于义愤，也是出于情谊。出于情谊，他让李大钊的后人在家中隐藏了一个月，其后又和友人一起，送他到日本去留学。李大钊身后萧条，遗孤生活无着，他又与人给予照料安置。几年后，他已真正躲进象牙塔过起不闻世事的书斋生活，并且与共产党领导下的左翼文坛成水火之势了，却还出于故人的情谊，参与了李大钊全集的编辑工作。

写那样的文章，做那样的事，在军阀已然大开杀戒的情形下，是要冒很大风险的，何况他早已是黑名单上的人。他有大难临头之感并非没有根据，有一度似乎危险离他已经很近。1927年10月，《语丝》被张作霖的军阀查封，这个刊物批评时政不留情面，对当局持抨击的立场，即在当局开了杀戒的情况下也未沉默下去，周作人最激烈的言词都发表在这里，包括称颂李大钊的文章，该杂志理所当然成为统治者的眼中钉肉中刺。周作人是《语丝》最主要的撰稿人，而且一直主持该杂志的工作，杂志被封，他是首当其冲的人物，会发生什么样的事情，实在很难说。为逃避搜查，他和刘半农到一日本友人家中藏身，住了一个星期。期间二人几乎与世隔绝。刘半农后来在一篇小品文中生动地写下了当时的情形："……余与启明同避菜厂胡同一友人家。小厢三楹，中为膳食所，左为寝室，席地而卧，右为书室，室仅一桌，桌仅一砚。寝，食，相对枯坐而外，低头共砚写文而已，砚兄之称自此始。居停主人不许多友来视，能来者余妻岂明妻而外，仅有徐耀辰兄传递外间消息，日或三四至也。"多年后的回忆，语气已极平静，想来当时的心情是有几分紧张忐忑的，当然更有压抑和苦闷。其实周作人悲凉的心境在他那篇《怎么说才好》中已表露无遗，他对中国的前途已经感到悲观："怎样说才好？不说最好：这是一百分的答案。"所以还在抨击时政，不是因为还能看到什么希望，而是抑制不住内心的冲动，说那是困兽之斗也许是更合适的。也正因是困兽之斗，他没有了一向的从容，失望中却更有一种不顾一切的劲头。

搜查的风声很快过去了，周作人阴抑的心境却无从改变，心中既已涂上了悲观的底色，对未来已不敢存有希望，待到1928年，北伐成功，"革命胜利"后发现社会上的情形仍同军阀统治时一个样，他的心底也就不起波澜了——"清党"发生后，这一切已在预料之中。困兽犹斗的亢奋之后，他感到的是无聊和疲乏。在给友人的信中写道："北京现在已挂了青天白日旗了，但一切都还是以前的样子，什么都没有变化。有人问，不知究竟是北京的革命化呢，还是革命的北京化呢？"辛亥年间他在绍兴领略到的"咸与维新"的那一幕闹剧又在他的脑海里浮现，——仍然是乱哄哄你方唱罢我登场，历史没有往前走，仿佛只是完成了"革命—暴力—专制"的又一次循环，他也再次陷入到类于他在辛亥革命时体验到的那种消沉情绪中去。

　　二十年代最末的几年他就是在消沉中度过的。亢奋过后，似乎已经没有什么事情能使他激动或是给他刺激，要说有，那也不是国家大事，而是个人生活中的事件了。那段时间里，对他打击最大的事情，莫过于若子的死。若子是周作人的次女，天资聪颖，活泼可爱，他视之为掌上明珠。1925年若子生过一场大病，几与死神照面，足足让家人紧张了三天三夜。那几天茶饭不思，不分白天黑夜守在若子的病床前，若子身体病变的每一细节都令他或惧或喜。若子病好之后，他简直有一种历劫生还的庆幸，他带着庆幸的心情写下了《若子的病》，忙着给若子补办十岁的生日，又对给若子治病的山本孝忠大夫和护理她的永井护士千恩万谢。那时他再也想不到几年后死神的阴影会再次罩在女儿的头上，并最终夺走她的生命，也料不到自己会和山本大夫反目成仇。

　　1929年11月16日，若子放学归来忽觉肚子痛，家里人连忙请来一直给周家看病、与周家关系很不错的山本大夫到家中诊视，山本诊断为胃病，并无大碍。谁知半夜里若子又腹疼不止，再去请山本大夫，他却未来。第二天若子即高烧不止，山本大夫来诊后推翻了日前的说法，疑心是患了盲肠炎，验血确诊后，他提出

十六　"两个鬼"

了两个方案，一是服药，这也能将病治好；一是做手术切除，这可以将病根治。周家选择了动手术，于是若子被送进山本推荐的一家德国医院。谁知手术时发现若子的盲肠已经穿孔，引起腹膜炎并发症。20日凌晨两点钟，终于不治身亡，年仅十四岁。若子死前神智清醒，不停喊着兄姊弟妹的名字，待为她招来后，她一一与之招呼，唯对医生误了她的病恨恨不已，又不住伸臂搂住母亲的颈脖低声说："姆妈，我不要死。"周作人在病床前目睹了这一幕，眼见最疼爱的女儿的生命慢慢地消逝，自己不能身替，亦没有一点办法挽留，真是心如刀割，伤心欲绝。

  人死不能复生，周作人只能以种种方式来排遣心中的悲痛，寄托对爱女的哀思。他是根本不信鬼神的，但他设祭棚，放焰口，超度若子的亡灵。若子的遗体放到寺院后，他又请僧人诵经。很长一段时间里，他都无法从丧女之痛中解脱出来，终日沉默寡言，形容枯槁，无心教书甚至也无心读书。遭了大难的人特别容易感受也特别容易同情他人的痛苦。恰在这段时间里，有个和他平素并无多少来往的女学生在病痛中给他写了一封信，信中说了一些虚无感伤的话，这学生是见过若子也知道若子已亡故的，信里也就提到，有"我病了，我不怕病，但我讨厌病，像若子一样，多么痛快呀！"等语。这大大地触动了周作人。若在平日，他大约会简单地回一封信吧？这一次他确是在接到信后冒着大雪找到了那学生的住处。说了几句探问的话之后，他送给她两本书和一张若子的相片，用低微颤抖的声音解释说："这……这……这是她的一张相。"那照片的背面有他题的"亡女若子遗像"六个字。

学生分明看见他眼里含着泪水。接着他便默默地走出去,消失在风雪中了。在外人的面前这样不加掩饰或是不能自已地流露自己的情感,这在素以冷漠称的周作人是太不寻常了。

与他通常给人留下的儒雅通达的印象更不相符的,则是他在迁怒于山本大夫时的失态。不知是否多少是由于若子临终前痛恨医生的话给了他深深刺激的缘故,他伤心欲绝由悲痛生出愤怒,很快将山本大夫当作了发泄胸中愤怒的对象。很难判断山本大夫对若子之死应承担多大的责任,我们知道的是,周作人认定是他的延误和误诊夺去了爱女的生命。而一想到此,周作人就止不住向山本要人命的强烈冲动。若子死后的第十天,他就亲到《世界日报》社,委托报社在广告栏内的显著位置刊登"山本大夫误诊杀人"的弹劾广告,广告中指控山本"拖延掩饰,草菅人命"。意犹未尽,他又写了《若子之死》一文,记述山本误诊的经过,追究其责任。往重里说,若子之死是一桩医疗事故,周作人的反应多少是有些过分了,必要将山本置之死地而后快。他是最讲理性的,可此时却不惜用上一般情形下他肯定最不屑的煽情方式:《若子之死》配发了若子死前三个月拍的相片,后来又将若子堂妹堂弟写的悼念文章《若子周年忌》拿到报上去发表,那文章里除了怀念若子之外,更表达了孩子对山本大夫的憎恨。可爱的孩子的遗照和童稚气真情流露的文章会在公众舆论引起更大的同情和愤怒,是可想而知的,这也正是周作人希望的,他知道在法律上很难给山本定罪,却要利用舆论使他名声扫地。盛怒之下,他已全然不顾山本于他本人于若子是曾有救命之恩的,他的胸膜炎,

十六 "两个鬼"

若子几年前的突发急症，都是经山本治疗而得痊愈，而他对山本曾经是心怀感激的。周作人的全身心都被愤怒占据了，他只看见一个事实：他最钟爱的女儿不在了。

这一次的失态很容易让我们联想到他与鲁迅闹翻时的情形，只是如果说那一次是起于"玫瑰色的梦"的破灭总还可以理解的话，那么若子死后他的举措就只有教人目瞪口呆。有人在小品文里描绘周作人儒雅平和之外的"另外一面"道："他那紧闭的嘴唇，加上浓密的胡子，便是坚决之貌。他洁身自好，任何纠葛，他都不愿插足，然而，一旦插足，那个阻拦他的人就倒霉了！他打击敌手，又快又稳，再加上又准又狠，打一下子就满够了。"他对山本的报复，就让我们很清楚地看到这"另外一面"。可以说这就是人们所说的那种刻薄狠辣的"绍兴师爷"气，你也可以说这就是他身上蛰伏的"流氓鬼"的一部分。只是这一次使得"流氓鬼"抬头的完全是"私愤"，而不像自女师大风潮至"清党"时那样，是出以"公心"了——既然对世事已陷入彻底的悲观，那个"流氓鬼"也只有在他个人生活受到侵扰时才会一跃而起了。

十七 小品文家

现在我们应该回过头来,说说作为散文家的周作人了。我们在中小学的时代就已经熟悉了许多中国现代散文名家的名字,像朱自清、冰心等等,因为语文教材或是课外读物上常能见到他们的作品。周作人的名字则要陌生得多了:他的变节行为使他作为文学家的声望受到损害,同时他的散文不像朱自清、冰心的散文那样易解易模仿,不适于充当作文的范本,所以大体上,中学毕业以前他的作品我们接触的机会很少,即使偶有接触,我们多半也会将他当作众多新文学散文名家当中的一个,不会引起特别的注意。事实上,周作人作为一个散文家,在二三十年代名声要比朱自清、冰心高得多。当时新文学圈内人的心目中,朱自清、冰心都可以算作名家,而周作人则是大家。"名家"与"大家"之别三言两语很难说清楚,简单地说,形成了自己独特风格的作者都可以称作"名家","大家"则是大师级的人物,居于秀出群伦的盟主地位,其成就是一般人难以企及的。

白话文的倡导者胡适三十年代初总结文学革命的成就时,散文方面，评价最高的就是周作人。也是三十年代，出现过一套全面反映自白话文运动兴起后十年间新文学成就的选集——《中国新文学大系》，收入最有影响、最有成就的作家作品。这套书散文部分中有一卷是郁达夫编的，他非常推崇鲁迅和周作人，别的作家每人都只有几篇入选，周氏兄弟的文章则占去了全书一半以上的篇幅，其中又以周作人入选的篇目最多，一气选了将近五十篇。胡适、郁达夫本人都是写散文的高手，对周作人推崇若此，也可见周作人在当时人心中的分量了。人们将周氏兄弟并称，因为他们都是五四时期在思想文化上极有影响的人物，说到创作，鲁迅影响最大的是他的小说，散文上的成就常被小说家的名声所掩，周作人在创作方面虽也写过诗，并且像《小河》等篇还称得上新诗发轫期的名作，但很快就歇手，只写小品文了，所以在人们眼中，他首先是一位散文家。

周作人是新文学倡导者中第一个提倡艺术性散文的人。1921年5月他在《晨报》上发表了一篇题为《美文》的短文，只有五百来字，影响却很大："外国文学里有一种所谓论文，其中大约可以分作两类。一是批评的，是学术性的；二是记述的，是艺术性的，又称作美文。这里又可以分出叙事与抒情，但也很多两者夹杂的……读好的论文，如读散文诗，因为他实在是诗与散文中间的桥。中国古文里的序记与说等，也可以说是美文的一类。但在现代的国语文里，还不曾见有这类文章，治新文学的人为什么不去试试呢？我以为文章的外形与内容的确有点关系，有许多思想，既不能作为小说，又不适于做诗，便可以用论文式去表他。

他的条件同一切文学作品一样,只是真实简明便好。我们可以看了外国的模范去做,但是须用自己的文句与思想,不可去模仿他们。……我希望大家卷土重来,给予新文学开出一块新的土地,岂不好么?"

他这里所说的"美文",就是我们现在称作"散文"的文学样式。散文有广义与狭义之分,广义的散文的概念是与骈文相对的,不讲对偶声韵的文字都可以划入散文的地界,形成了自己的文字风格的作者(不一定是文学家)都可以称作散文家。狭义的散文则是专指文学化的散文,文学苑地里诗歌、小说、戏剧之外的一个品种。广义与狭义散文的一个关键的区分在于,前者是实用性的,后者是不以实用为目的的。周作人称文学化的散文为"美文",一个"美"字,恰好道出了它非实用的特征。

那时周作人提倡美文,还更多地是在尽他的职责,作为新文学的权威批评家、理论家,他理当为新文学谋划布局,指点路径。白话文学中,广义的散文,也就是他说的"批评的、学术性的"议论文已经有了,而且成了气候,《新青年》上说理论辩的文章,《随感录》中的文字就都是;但狭义的散文,即以叙事、抒情为主的,却还少见,他便指出这块处女地,让有心人去开垦。开垦这块处女地还有巩固白话文地位的意义;议论的文章多是致用的,于情调文词上并不讲究,当时还有不少人相信,用白话文写写实用的文章固无不可,但它写不出真正漂亮的文章。如果白话的"美文"发达起来,这种迷信也就不攻自破了。

当然周作人提倡美文,也是出于他自己的内在要求。其实若就广义的散文而言，周作人早就应算是一个散文家了，他是《新青年》"随感录"的重要作者，长篇的议论文写得更是出色。不过他觉得自己的很多情思是那样的文章表达不了的，那是一些比较个人化的东西。论文、杂感在他看来是"共性大于个性"的应时之作，那是传达时代的声音，作者好像是在扮演一个合唱队前领唱者的角色，不是在独唱。他想独唱，前面已经提到，周作人即使在五四的高潮时期也对群众运动存着一种恐惧，担心那洪涛大浪会将个人的声音淹没，对于他，个人的东西才构成自己真正的家园。一个像他这样视写作为生命的文人，这个人一面当然要寻求表达，而唯有文学艺术才能容纳个人化的内容。他写过诗，又曾经想写小说，可他自认没有这方面的才具：诗的情绪偏于浪漫，诗的语言倾向于浓烈；散文则其性质是家常的，语言与诗相较是平淡的，他觉得他的境界更接近散文而不是诗。至于小说，与散文相比，更倚重想象，周作人觉得那也非他所长。不宜诗，不宜小说，而又贪恋文学的个人况味，他自然而然地走向散文了。

不过，周作人并未立竿见影就转向他倡导的"美文"，"美文"是更适于抒写个人性情的，而写《美文》之时，他的启蒙理想还未破灭，他还在各种思想、主义间挣扎，仍然对社会有着更多的关怀，所以他写得更多的还是比较适于传输思想，向社会、人群发出声音的论文和杂文。直到两三年以后，启蒙高潮已经过去，他对社会上的喧哗与骚动已生厌倦，觉得教训无用，个人的生活日益对他生出诱惑之后，他才将自己的主张付诸实践，真正转向"美文"的世界。

以往他倡导"新村",宣传人道主义,文章都有登高一呼的宣言味道,此番动手来写"美文",本就带着些消沉无奈的心情,自然调子不同了。1923年11月,周作人写下了《雨天的书·序一》,做序,通常的情形是先有书后写序,这一篇却是书还没有却先写出来,很有给书先行定下调子的意味:

> 今年冬天特别的多雨,因为是冬天了,究竟不好意思倾盆的下,只是蜘蛛丝似的一缕缕的洒下来。雨虽然细得望去都看不见,天色却非常阴沉,使人十分气闷。在这样的时候,常引起一阵空想,觉得如在江村小屋里,靠玻璃窗,烘着白炭火钵,喝清茶,同友人谈闲话,那是颇愉快的事。不过这些空想当然没有实现的希望,再看天色,也就愈觉得阴沉。想要做点正经的工作,心思散漫,好像是出了气的烧酒,一点味道都没有,只好随便写一两行,并无别的意思,聊以对付这雨天的气闷光阴罢了。
>
> 冬雨是不常有的,日后不晴也将变成雪霰了。但是在晴雪明朗的时候,人们的心里也会有雨天,而且阴沉的期间或者更长久些,因此我这雨天的随笔也就常有续写的机会了。

这里很含蓄地写下了他那时雨天般阴沉的心境,和淡淡的希图排遣的愿望,——写这样的随笔,于他也正是排遣的一条途径。他并没有明言他要写怎样的散文,可是文章本身却透露了消息:他心目中的散文就像雨天里三五友人喝着清茶的围炉闲话,情绪是平静的，语气有不疾不徐的和缓，话题则是随意、散漫的。当他意态消沉之际，这样的境界对他有一种特别的诱惑。他接连写下了《故乡的野菜》《北京的茶食》《乌篷船》《苍蝇》《喝茶》《苦雨》等一批文章，或是怀旧，或是谈论一些有趣而不关紧要的话题，单从题目我们也可以看出，它们与他的那些宣传主义的文章有相当的距离。这些小文调子悠闲自在，没有一点烟火气，其中浮现的是一个仙风道骨的隐者形象，与我们在那些笔仗文章中看见的周作人简直判若两人。如前面提到过的，这以后周作人在女师大风潮到"清党"那一段时间里还曾重鼓锐气作困兽之斗，但那已经是一段插曲，待他再度消沉，对社会上的情形彻底悲观之后，他也就再度走入"美文"的世界里，并且从此不愿出来。二十年代末起，他不仅不再写长篇的"教训"文章，偶有批评性的文字也没有了先前的火气，到三十年代，作为文艺理论家、批评家、翻译家的周作人淡出了文坛，他果然像他宣称的那样，"只作随笔了"（此话是他1926年说的），而在人们心目中，周作人也在风格淡雅闲适的散文家形象上定格了。

周作人写散文，追求一种"平和冲淡"的境界。虽然他谦称这是他的理想，可人们都认为他是做到了。"平和冲淡"体现在行文上，也体现在情绪上。他的文字特别的质朴自然，没有什么漂亮的词句，没有任何雕琢的痕迹。他的态度很平和通达，叙事、抒情、说理，都是平心静气，不拿腔作调，不粉饰造作。他为文的主张，简单地说，就是"用平实自然的话把合于人情物理的意思原样写出来"。这看似容易，其实不然。通常人们写文章，若是说理，自觉不自觉地，就会端起架子，所谓"气盛言宜"；若是抒情，无意间就会流于夸张、戏剧化，叙事应是最实在的，往往也不愿照直说，总要修饰一番，似乎不经此一番从文字到内容的"美化"就不能算作文章，尤其不能算作散文。周作人对矫饰的文风是最反感的，不管是古文还是白话文，只要是拿腔作调的，他都反对。在写《美文》时，他就已经对当时报章杂志上的一些散文提出批评，说它们"用上许多自然现象的字面，衰弱感伤的口气，不大有生命了"。他自己的文章当然不屑于这么写。一般情形下，人们总是说话自然，写文章不大自然，周作人的散文则就像说话，像家常闲谈。

说话是随意的，而文章是"做"出来的，难免"做"的痕迹。周作人的散文则没有"做"的味道，想到什么就说什么，怎么方便就怎么说，像苏东坡说的，"行于所当行，止于所当止"。他最恨八股文，不单反对应试的八股，以各种面目出现的八股他都反对，因为它将文章变成了固定的格套、公式。他自己为文从不讲究什么起承转合，什么开头、中间、结尾，都没有可循的章法路数，像上面引的那篇序，说起，就起了，说止，就止了，全似信笔所至。

当然周作人也不是全无讲究，他讲究的是"简单味与涩味"。他考察新文学，以为受过新式中学教育的学生，已经能将纯粹口语体的文章写得很细腻流丽了，但他觉得对散文来说还很不够，以为"必须有涩味与简单味，这才耐读，所以他的文词还得变化一点。以口语为基本，再加上欧化语、古文、方言等分子，杂糅调和，适宜地或吝啬地安排起来，有知识与趣味的双重统治，才可以造出有雅致的俗语体来"。他这么说，是有感于当时的白话文太直白，缺少回味。文章要像说话一样自然，但文章毕竟又不是说话，它要经得起反复的阅读。周作人的文章就像他提倡的那样，糅进了古文、欧化语等各种成分，而且调合得极自然，这样白话文的表现力大大丰富了，不论是曲折还是复杂的意思，他都能毫不费力地表达出来。

我们还不可忘了他说的"知识与趣味的双重统治",所谓耐读、雅致，不单单是一个文词的问题。就周作人而言,他的文章的雅致，文词的隽永之外，正在于知识性和趣味性。周作人散文的趣味性来自他对人情物理的细致体察和兴致盎然的观照态度，他可以将最琐屑的话题、最微不足道的事物说得津津有味。且看他如何写苍蝇，写儿时捉苍蝇的嬉戏："金苍蝇即青蝇，小儿谜中所谓'头戴红缨帽，身穿紫罗袍'者是也……摘一片月季花的叶，用月季的刺钉在背上，便见绿叶在桌上蠕蠕而动……取灯心草一小段，放在脚的中间，他便上下颠倒的舞弄，名曰'戏棍'；又或用白纸条缠在胸上纵使飞去，但见空中一片片的白纸乱飞，很是好看。"苍蝇是人见人厌的东西，可到了他笔下却那么有趣。乌篷船、故乡的野菜，喝茶，喝酒，内容也都是再平常不过的，他写来却令人悠然神往。

周作人散文的知识性，那浓浓的书卷气，更是读过的人都会领略到的。他学识渊博，通几国文字，从古希腊到现代西方的文学，再到日本的文学，他都了解，不光是文学，民俗学、人类学、心理学等他都曾涉猎，而且都有相当的造诣，至于中国的典籍就更不用说了。他读过的书真多,五四一辈的学者文人中,他是读书最多的一位,鲁迅晚年就曾慨叹过,文坛上读书多的当数周作人了。周作人曾经对人说过,他喜欢闲览笔记,中国的笔记,他都看过,——要知道,中国的笔记真是要用"汗牛充栋"来形容的。他特别推崇英国的一位性心理学家蔼理斯,此人的英文著作二十多本,他都读过。他看书很快,有次他借来一本英文的《蔼理斯自传》,三五天就看完了。他读书非常杂,从高文典册到一些向来不被人注意的杂书以至笑话、谚语之类,他都看,目的是了解"人",——他说过,凡与"人"有关的一切他都感兴趣。不光读得多,读得快,而且还善记,他与人闲谈,常提起某书某书里的情形和细节,就像是刚刚读过。有如此渊博的知识,读过那么多的书,难怪他写散文时随意拣起一个话题,都能左右逢源,说得头头是道了。千万别以为他的知识性就是引经据典掉书袋,他将他的学问都化为常识,就像谈家常一般娓娓道来。

越是到后来,周作人的散文就越仰仗他的读书,原先他散文创作的形式多样,到后来,似乎都是读书随笔一类的了。他在古人大量的笔记里披沙拣金,寻找一些契合现代科学精神,于今人仍然有益的东西,将其表而出之。他常常戏谑地称自己是"文抄公",因为他从古人书里引的话常成了文章主要的部分。不过做他那样的文抄公实在不易,首先要读那么多的书,再者需要独到的眼光,才能从那些往往大半显得陈腐的书里有所发现,更要紧的是,他加上几句自己的话,轻轻点染,便能使其意蕴焕发出来,或是生出新意,抄的部分与他自己的话水乳交融,成为情理俱到的好文章。

不管是最初的"美文",还是后来的读书笔记,周作人淡雅的风格是一贯的。散文最能体现一个作家的个性学养,而个性学养是无从模仿的。对周作人作品比较熟悉的人,不用看作者名字,读得几行,就能断定是不是他的手笔,再不会弄错。在散文写作上,他的成就在当时几乎是无人能及的,三十年代,一位外国记者问起中国的优秀作家,早已和周作人翻了脸的鲁迅头一个提到的就是他,提到的既是"作家",鲁迅当然主要是指周作人的散文而言。当时已经很有影响的美学家朱光潜评论说:"在现代中国作者中,周先生而外,很难找到第二个人做得清淡的小品文字,他究竟是有些年纪的人,还能领略闲中情趣,……在读过装模作样的新诗或形容词堆砌的小说之后,让我们同周先生坐在一起,一口一口啜着清茗,看看院落里的花条虾蟆戏水,听他谈故乡的野菜,北京的茶食,二十年立脚点江南水师学堂和清波门外杨三姑一类的故事,却是一大解脱。"

朱光潜说的"小品文"就是散文,周作人提出的"美文"这个词没有流行起来,人们渐渐习惯用"小品文"来指称这种文体了,而周作人的名字也同小品文联在了一起,在许多人的心目中,二者似乎已是一而二、二而一,不可分割。二十年代末三十年代初,小品文家周作人的号召力丝毫不逊于二十年代初作为文艺理论家、批评家的那个周作人。小品文家写的是琐细的事,不比理论家的"指点江山",何以会有那么大的号召力?其实,周作人有众多的追随者、崇拜者,不仅是因为他独特的风格,更因那后面的处世态度，读他的小品，照朱光潜的话说，是"一大解脱"，能给读者大解脱，当然是作者自己解脱了，从重负下解脱出来，方才做出了清淡的小品文字。于是，周作人连同他的小品文，成了超脱纷扰的现实的一个象征。

周作人解脱的是什么呢？当然是启蒙的使命，对社会的责任。清党以后，他对社会的变革已不抱希望，他觉得过去那么起劲地宣传新思想，对变革社会没有任何实际的作用，简直就是白费唾沫。面对现实，他深深体味到一种无能为力的感觉。改变社会，那是英雄的事业，自己则终不过是一个凡人。社会上的情形如此混乱肮脏，真像是在明代末年的"乱世"。既不能像英雄那样救民于水火，一个凡人能做的，也只有洁身自好，"苟全性命于乱世"了吧？用大白话说，"苟全性命"就是活着。

当然，活着也有不同的活法，像周作人那样的人，即使退回到个人生活的天地里来了，也还要设法赋予凡人的生活某种积极的意义。早在《语丝》创刊时，他就已经在追求着一种"生活的艺术"了。他说："生活是不容易的事。动物那样的，自然地简易地生活，是其一法；把生活当作一种艺术，微妙地美地生活又是一法。"后一种当然就是"生活的艺术"，或者反过来说，"艺术的生活"了。何为"微妙地美地生活"呢？后来周作人说得更明确了，那就是"忙里偷闲，苦中作乐"，"在不完全的现世里享乐一点美与和谐，在刹那间体会永久"。换句话说，生活、现实是纷乱的，令人不快的，你没有办法改变这一切，但你要布置一个人的天地，从中找到愉快，这样生活才有点意思。这里的关键是不要卷进纷乱的现实中去,保持一定的距离,用欣赏的眼光去看待生活中的一切。也就是在这种眼光之下,周作人笔下的种种(从喝茶饮酒到乌篷船以至苍蝇)才显现出和谐的美与淡淡的情趣。

二三十年代是一个大动荡的年代,经历了新文化运动的退潮,国共两党关系的破裂等一系列的变动,许多知识分子对现实已经心灰意冷。国共两党的斗争愈演愈烈,阶级斗争在促使人群分成了革命与反革命两个对立的阵营,然而大多数人都是中间派,既不想革命,当然也不想反革命,来自左右两方面的压力却似乎在逼迫他们做出选择。面对这个"乱世",这一大群不左不右的人茫然失措,不知道该采取什么样的立场。这时候,周作人提倡的"忙里偷闲,苦中作乐"的生活态度,那种追求生活的艺术的超然姿态,连同体现了这姿态的小品文,似乎给人们送来一福音,它提示了一种不左不右,非革命亦非反革命的别样的选择,提示了"乱世"里一种洁身自好的个人主义生活的可能性。

中国的读书人对此应是很亲切的,因为古时"乱世"里的读书人有很多都选择了这条路。只是经过了五四洗礼的新一代知识分子总觉那种活法太旧太消极了,他们接受的思想总是让他们积极进取,关怀社会的。现在周作人这样一位新文化运动的健将来提倡生活的艺术,并且结合了西方的学理给予新的解释,那条中国读书人习惯的"活法"好像一下焕发出新的意义,变得很有说服力了。这就难怪那时有那么多的人仰慕周作人,喜欢他的小品。

一个读书人,他的生活艺术里当然离不开书。1929年末,周作人提出了著名的"闭户读书论"。读书就读书好了,为何特别要提出"闭户"二字?其实他一直也没有离开过书,只是过去读书一半是为了做思想的启蒙,同时他经常还会忍不住放下书本跑到外边去。现在宣布要关上窗户,当然是要两耳不闻窗外事了,读书同国事不再有什么瓜葛,而是关乎个人的学问,个人的兴趣消遣,成为他"苟全性命于乱世"的生活的艺术的一部分。他自己实行这主张,也奉劝别人这么做。他在报上得知胡适因提倡人权惹恼了国民党,受到排挤,便写了封信去慰问。他与胡适打过笔仗,此番却不避"交浅言深",劝胡以后少说闲话,离开上海那个是非之地,到北平来"在冷静寂寞中产生出丰富的工作"。胡适接信后大为感动,他心底里对周作人很敬重,也很感激周的厚意,不过他不能接受周的活法,他说他"爱说闲话,爱管闲事",都是因为对国家大事还有一份热心,他没办法让自己冷下来。

其实周作人又何尝能将书斋外面的世界全然忘却?他一面追慕着隐士的生活,一面又在慨叹"像我这样褊急的脾气的人,生在中国这个时代,实在难望能够从容镇静地做出平和冲淡的文章来"。不过比起胡适、鲁迅来,他实在是够"冷"的了,而在外人的眼中,他已经成了陶渊明那样不问世事的隐逸人物。

这个隐士形象与小品文重合到一起。三十年代,小品文不光是一种文类,它同时也意味着一种带有享乐味道的个人主义立场,与它相对的是杂文。二者实际上都属散文的范畴,可那时却像是对峙的两军,小品文是出世的,闲适的;杂文则是入世的,战斗的。小品文的领袖是周作人,杂文的旗手则是鲁迅。到这会儿,兄弟二人不仅是行迹上断了往来，思想上也已分道扬镳。鲁迅已加入了左翼阵营，对周作人的消沉他能够理解但很不满，对他冷漠超然、大谈生活的艺术更是不以为然，他认为周作人提倡的闲适小品就像无用的小摆设，在那样一个时代里只能起到麻醉人的心灵的作用，让人们忘记对社会黑暗的反抗。周作人对鲁迅的反感更甚，他以为鲁迅加入左联，跟着年轻人提倡无产阶级文学是"趋时"，也就是赶时髦，在一篇文章里他刻薄地讥讽为"老人的胡闹"。至于小摆设之类则他认定文学原本就是无用的，要革命就不要谈文学，就该去拿刀弄枪，拿文学去做革命的工具，等于是念咒。他对鲁迅与许广平结合也看不惯，在一篇题为《中年》的文章里，他说了一番人一生的阶段各有其意（少年时代浪漫，中年应是理智时代）之后，便远兜远转地说道"中国事情的颠倒错乱"，比如"中年以来重新秋行春令，大讲其恋爱等等"，接下去他就挖苦道："这样地跟着青年跑。或者可以免于落伍之讥，实在犹如将昼作夜，只不过落得不见日光而见月光，未始没有好些危险。"明眼人看了便知，这些话都是冲着鲁迅去的。

周作人讥讽鲁迅"秋行春令"，他自己当然不会如此，他自觉是在理智的中年时代，他有他的矜持，决不肯跟了青年人乱跑。话虽如此，他对自己的意态消沉也怀着复杂的情绪，他不止一次提到自己"暮气渐深"，1934年五十寿辰之际，这样的感慨肯定是更强烈了，他写下了《五十自寿诗》：

前世出家今在家，不将袍子换袈裟。

街头终日听谈鬼,窗下通年学画蛇。
老去无端玩骨董,闲来随分种胡麻。
旁人若问其中意,且到寒斋吃苦茶。

半是儒家半释家,光头又不着袈裟。
中年意趣窗前草,外道生涯洞里蛇。
徒羡低头咬大蒜,未妨拍桌拾芝麻。
谈狐说鬼寻常事,只欠工夫吃讲茶。

这两首诗登在林语堂主编的《人间世》创刊号上。林语堂是办小品文杂志出了大名的,此前他编的《论语》十分红火,引来一阵小品文热,1932年甚至被文坛上称为"小品文年",而他"宇宙之大,苍蝇之微,无不可谈"的主张实际上是对周作人观点的发挥。此番得到周作人的诗稿,当然不肯轻轻放过,他很有"创意"地将诗稿手迹影印,与周的大照片一同上了杂志的头条,同时还发表了钱玄同、刘半农、沈尹默等人的和诗。这以后周作人还收到过胡适、蔡元培的和诗,一时之间,"五十自寿诗"成了文坛上一个很热闹的话题。

和诗的都是新文化运动的健将,五四时期周作人同一战壕里的战友。过生日,尤其是五十岁的生日,恰是半百之数了,当然会想起过去,想起走过的人生路程,周作人诗里虽然只写他现在的心境,写他"谈狐说鬼""寒斋苦茶"的"中年意趣",只字未提往昔之事,他却不可能不想到,其实,恰恰是往昔峥嵘岁月里发奋有为的少年意气，与如今落寞无奈的中年意趣形成的对比，才使得两首打油诗蕴蓄了万千感慨。和诗的诸人中，蔡元培是周作人指名道姓批评过的，胡适与他之间有过好几次争论，其他几个人与他虽关系密切，选择的道路也不尽相同，不过他们过去有过共同的经历，五四时期都有一种少年中国的情怀，都满怀希望地为新文化奋斗，其后各走各的路，在各自的路上也都碰了壁，对中国社会的现实都生出无能为力之感。周作人的诗可说是道出了他们共同的心境，这才引得他们纷纷和诗，有的人还一和再和。

然而他们苦涩无奈的心境年轻的一代已经不能理解了。在青年人看来，诗里的那份自嘲，那种消沉的情绪，正是他们那一代人已经落伍、被时代抛弃的明证。对周作人因为他的"闭户读书论"，他的"苟全性命于乱世"的个人主义哲学，早就是进步青年的批判对象，现在又在诗里玩赏他的"中年意趣"，并且弄得如此热闹，自然更让年轻的一代反感。鲁迅三十年代好些谈小品文的杂文都是针对周作人的，不过他从来没有指名道姓，热血青年就没有这么客气了，《五十自寿诗》发表后，许多报纸杂志上都登出了批判的文章及讽刺性的和诗，指责周作人的"谈狐说鬼"是逃避现实，说他背叛了五四精神，有的和诗里更有"自甘凉血冷如蛇"这样的句子。也有人为他辩护，说他过起隐士的生活是历经世事变幻的结果，有他不得已的苦衷，林语堂则争辩说，自寿诗是"寄沉痛于幽闲"。

有意思的是，鲁迅对自寿诗一直没有公开表态，倒是在私下里表示了理解。他在给友人的信里说周作人的诗有"讽世之意"，仍然隐曲地流露出对现实的不满，只是这样隐晦的表达现在的年轻人已不能了解了。毕竟同周作人一样经历过幻灭，一度也曾消沉过，虽然不满周作人的处世态度，对他的心境，鲁迅还是很能理解的。

　　周作人面对左翼作家的围攻作何反应呢？他是不屑于同年轻人较真的。1930年5月，以他为领袖的纯文艺杂志《骆驼草》创刊时他写了发刊词："……文艺方面，思想方面，或而至于讲闲话，玩古董，都是料不到的，笑骂由你笑骂，好文章我自为之，不好亦自知其丑，如斯而已，如斯而已。"这些话都是针对着鼓吹革命文学的人说的。现在他仍抱着"笑骂由你笑骂，好文章我自为之"的态度。不管别人怎么说，他仍然自顾自写他"谈狐说鬼"的小品文，仍然保持着他洁身自好的隐逸姿态。也许，他确已将自己想象成陶渊明一流的隐士了。问题是，在中国社会急剧动荡的年代里，容得下陶渊明那样的隐士吗？

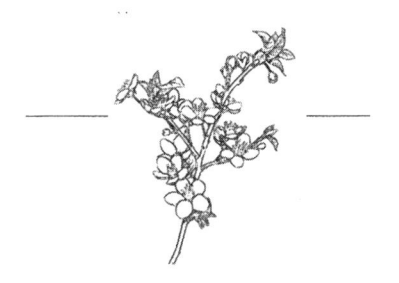

十八 失节

如果不是日本人的入侵，如果不是一场空前的民族灾难降临到中国人头上，也许周作人还真能继续写他的小品，做他的隐士，至少他不会落下千古骂名。然而历史是容不得假设的，日本人的入侵使他的书斋生活不安稳了，最终还逼迫他做出非此即彼的选择。

三十年代，日本人加快了灭亡中国的步伐，民族危机在一天天加深。周作人虽然早就捐出了"闭户读书"的牌子，可是这样的大事要全然不闻不问是不可能的。他对日本的态度很复杂。一方面，他在日本生活多年，热爱日本的文化，欣赏日本人的生活方式、风俗民情，以致将日本视为自己的第二故乡，另一方面他对日本的军国主义深恶痛绝，对日本人灭亡中国的野心也看得很清楚，简单地说，他喜爱日本的传统，喜欢日本民间的东西，对日本政府则很反感。就后一方面说，他不止于反感，还曾发为文章，对日本的祸心有所揭露。二十年代北京有一家日本政府主持的报纸《顺天时报》常对中国的事务指手画脚，为中国的反动势力喝彩叫好,又喜散布各种对革命阵营不利的谣言。当时并没有什么人注意及此,周作人却注意到了,他写了多篇文章与《顺天时报》唱对台戏,驳斥那报上的种种谬论,特别是李大钊牺牲后,烈士尸骨未寒,该报即冷嘲热讽,大泼污水,周作人挺身而出,仗义执言,态度相当激烈。几年间,他与该报作对的文字加起来竟有十多万字。晚年的回忆录里,他形容这是"匹马单枪去和这形式妖魔的风磨作战"。

三十年代,日本的狼子野心暴露得越来越明显,柳条沟、满洲国、华北自治、侵略、挑衅性的事件一桩接着一桩。在这样的时刻,一个读书人能干些什么呢?周作人是以"爱智者"自诩的,一个爱智者需要的不是一时的义愤和冲动,不是跟着舆论跑,在他看来,他应该干的事是坐下来,客观冷静地对对手来一番分析,弄清日本究竟是怎样一个民族。他觉得过去写的那些文章都过于感情用事,现在要平心静气地想它一回了。于是他写了好几篇《日本管窥》的研究文章。这些文章里引述外电报道,历数了日本人在中国犯下的诸多罪行,仍有谴责之意,不过他最想探究的是这个古韵犹存的民族何以会做出种种蛮暴的行径。结论是,那源于一种宗教的迷狂,这迷狂使日本人的精神里存着一种野蛮性。

1934年夏,周作人借学校放暑假的机会携妻到日本闲住了两个月。旧地重游,勾起了往日许多美好的回忆,他穿了和服木屐,提了竹杖出门散步,在旧书店里流连忘返,真好像是回到了过去。他也并没有忘记中日间紧张的情势,他所喜爱的是日本民间的东西,受不了的是军国主义政府的蛮横粗暴。今非昔比,他已是中国文化界的名人，不是几十年前那个默默无闻的留学生，自然受到了日本各界款待。有一次他会见了一位日本陆军将官，虽是初次见面，他依然很直率地说，日本在对华问题上做得太拙劣，许多事情都是损人而不利己，反倒有损于日本一向的文化精神，实在不该。问得不大客气，周作人却还是一副与人为善的态度。一边是父母之邦，一边是他深深依恋的第二故乡，两边都有割不断的情感联系，他真希望中日两国能消除隔阂，真希望日本能有一番自我反省。写《日本管窥》，有意无意间何尝不是寄希望于日本的反省，以化解危机呢？

然而在中日战争一触即发的时刻，他的"善意"，他的日本研究实在是太天真太迂远了。日本人只顾埋头疯狂地启动战争机器，比照周作人的善意，真是绝大的讽刺。周作人终也意识到，他的善意只能落得与虎谋皮之讥。1937年6月，他写了《日本管窥》之四，说"日本文化可谈，而日本的国民性终于是谜似的不可懂"。"不可懂"云云，实际上道出的是他对日本的失望。

奇怪的是，他曾对日本存有幻想，有意无意间总还期待着这个民族幡然悔悟，面对着亡国的威胁，他却从没有寄希望于中国人的奋起抗战。当然说奇怪也不奇怪，因为还在对日本感到失望之前，他对自己的民族早已失去信心。新文化运动过去以后，女师大风潮、"三一八"惨案，再到后面的"清党"，国民党政府的专制，一连串的事件与变化都让他相信中国的历史只是在完成一种恶性的循环，没有半点进步的迹象。他在研究日本民族的时候，也在将它与中国做着比较，日本人虽然有狭隘、暴躁的弱点，但似乎狂热里也就含着向上的冲动，图强的意识，所以他在对日本的野蛮感到厌恶和反感之外，还存着敬畏之心；而中国人则是麻木不仁的，对之他只有漠然的蔑视了。撇开民族性这样玄远的问题不谈，就实际的情形而言，他也觉得要以对日宣战来解决危机是不可能的。

他在水师学堂待过六年，自以为是有些"知兵"的，在他看来，战争的胜负要看海军的力量。有次他对人说：和日本作战是不可能的。人家有海军，没有打，人家已经登岸打上门来，门户是洞开的，如何能够抵抗人家？打是打不过了，怎么办呢？在他看来，只有忍辱负重地讲和。

在中国历史上，面对异族的入侵，总会出现"主战"与"主和"的不同主张，而在史书里，"主战"总被看作高扬民族气节的表现，"主和"则总是落下骂名。熟读历史的周作人当然知道主"和"很容易被视为汉奸论调，但他以为一味喊"打"不切实际，像文天祥这样著名的主战派，固然赢得青史留名，但于民族有什么实际的好处呢？中国人对"气节"的盲目崇尚应该破一破了。于是他写下了《岳飞与秦桧》《关于英雄崇拜》等文章，借了讨论南宋的历史来说明他的立场。

他的这些观点，倒是很得鲁迅的赞同的。鲁迅对抗战发表过不少言论，他对很多人宣扬的"民气"论不以为然。在他看来，只知强调"气节"而不注重自己的实力，谈不上抗战。正因如此，他看到周作人的文章后，表示赞同其中有关岳飞、文天祥的议论，有一次在与记者的交谈中他说："所谓民族解放战争，在战略的运用上讲，有岳飞、文天祥式的，也有最正确的，最现代的，我们现在所应当采取的。"不过对于鲁迅，抗战是他讨论问题的前提，对日本人必须抵抗到底，这是不容置疑的。所以他一方面赞同周作人的某些观点，一方面看到周作人在大敌当前之际表现出的漠然、退缩，又感到不满和忧虑。1936年初，北平和天津一百零四人联名发表《平津文化界对时局的意见书》，表明抗敌的立场和决心，鲁迅在报上读到了，他在那份长长的名单上仔细搜寻，却终于没有发现周作人的名字。这使他深感失望。他平素对发通电、发宣言之类是很不以为然的，以为那于事无补，可是在关及国家存亡的大事上，应该立场坚定，旗帜鲜明。他与周建人谈到这事时说，遇到这样重大的题目时，"不可过于退后"。

这时的鲁迅已重病缠身，想象他抱病在宣言中细细搜寻，期待着发现兄弟的名字，真让人感动。鲁迅性情刚烈，嫉恶如仇，他拟定的遗嘱里有一条便是对他的论敌，"一个也不宽恕"（也的确没有宽恕），周作人与他反目成仇，甚至大打出手，以后在许多文章里对他说了许多刻毒的话，似乎应该在论敌之列，而且不止是论敌了，但他却存了几分恕道，不能全然割舍兄弟的情谊。尽管他在许多文章里有对周作人的尖锐批评，可是私下里他却有更多的理解和回护。他在病中对周建人说起周作人，很是心平气和，有一回说到周送李大钊之子赴日本的事，说别人不肯管，周却掩护他，可见是有同情心的。又说许多激进的左翼作家对周作人的批评过于苛刻，他并不赞成。对周作人的学识，鲁迅更是推重，有一次周建人向他提起出版社正在审定周作人的一部译稿，鲁迅竟然诧异地说:"莫非岂明的稿子,还需要看吗?"最令人动容的是,在病危热度很高的时候,鲁迅还在读周作人的著作。内心深处存着这份兄弟情,他自然不愿周作人走错了路。他不止一次地对人说道"岂明颇昏",意思是周作人有时很糊涂。小事也就罢了,鲁迅最担心的是他在大事上糊涂。

也许去世时他还带着这样的担心吧。1936年10月,鲁迅在上海去世。周作人一天早上突然接到三弟的电报,得知了噩耗。对这位曾是最相知,后来又成为仇人的兄长的去世,他有何反应呢?那一天他去了学校,面色苍白,对学生说,家兄去世,今天的课不上了。有一位学生回忆说,那学期他开的课是讲六朝散文,鲁迅去世后他第一次上课讲的是《颜世家训》中的《弟兄》篇,他低声念着文章,神情颓丧。《弟兄》是说兄弟之道,也就是兄弟之间如何相处的,这时讲这一篇是凑巧,还是他特意挑选的呢?这是不是寄托哀思的一种方式?

不过大体上说,周作人在人前显得相当平静,说话也相当节制。作为鲁迅的弟弟,本身又是思想文化界的名人,他当然成为媒体追踪的对象,但他只接受过一次报纸的采访,写过两篇文章。他的话似乎没有多少感情色彩,两篇文章题作《关于鲁迅》,从题目到内容,显得很有距离,当然也不会触及他们之间的关系,涉及评价,他则保持着冷静客观的姿态。值得注意的是,周作人在文中说了这样一段话:"一个人的平淡无奇的事实本是传记中最好的材料,但唯一的条件是要大家把他当做'人'去看,不是当着'神'——即是偶像或傀儡,这才有点用处。"鲁迅本人生前就很担心死后被利用，倘若地下有知，他对这段话也会赞同的吧？

但是鲁迅对周作人最不放心的一点，即他大事上的糊涂，还是不幸应验了。

1937年7月7日，卢沟桥响起了枪声，7月29日，日本军队占领了北平。政府撤退了，文物撤退了，大学也在撤退，北京大学和清华大学相继宣布南迁，大批的学者、文化人不愿在沦陷的北平做亡国奴，纷纷南下。可是南下的人群中，始终未见周作人的身影。战争时期，音讯难通，许多敬重、熟悉他的人，甚至整个中国文化界都在焦虑地等待着他的消息。刚从日本逃回来参加抗战的郭沫若写下了《国难声中怀知堂》（知堂是周作人的号），文中说："近年来能在文化界树一风格，撑得起来，对于国际友人可以分庭抗礼，替我们民族争得几分人格的，并没有好几个。而我们的知堂是这没有好几个中的特出一头地者……知堂如真的可以飞到南边来，比如就像我这样的人，为了掉换他，就是死上几千百个也不是一回事的。"话说得有些夸张，不过为周作人担心，期待他南来的心情却是真实的，这也是很多人共同的期待。人们牵挂周作人，不单是为他个人的安危，像郭沫若说的那样，在很多人的心目中，他已经成为中国文化界的代表，成为智慧与良知的象征了，这样一个人如果与敌方合作，在人们心中造成的失落感之强烈，简直难以想象。而人们隐隐的担心不是没有根据的，因为周作人对抗战早有悲观的论调，又曾经表露过"主和"的倾向。

在人们急切的期盼中，周作人的讯息终于来了，11月出版的

十八　失　节

《宇宙风》杂志上，以"知堂在北京"的醒目标题，登出了他给编者陶亢德的几封信。信中说了他现在的情形，解释了他留在北平的原因，南行的困难，说是否南下只好看将来的情形而定。有一信还重提他曾托人给北大校长蒋梦麟捎的话："请勿视留北诸人为李陵，却当作苏武看为宜。"他显然感到了舆论的压力，觉得不能不做点表白了。

他信里说不能南下的原因是家里人多，拖累大，搬迁不易。他的家累确实不小，自己一家不说，还有三弟周建人的家眷孩子，周建人在上海与一王姓女士结合后，发妻羽太芳子及二人所出的子女一直是在八道湾跟着周作人过的，此外还有老母亲和鲁迅的原配朱安，鲁迅到南边去之后并没有把她们接去，其生活也要他照应。但是，南下的其他人也并非没有困难，不也走了吗？何况他也可以安排一下，自己先只身南下的。然而周作人太贪恋北平八道湾舒适的生活了，他的生活里并没有声色犬马，他贪图的是一份平静安逸，八道湾的一切弄得妥妥帖帖，他诸事不烦、养尊处优、安心读书，倘若南下，不知有多少麻烦俗务，他一直追求的"生活的艺术"根本就无从谈起了。

除了家累的理由之外，他不愿南下的另一原因是担心他会卷入到种种论争的漩涡中去。过去有人劝他南下时他就说过，他怕"鲁迅的党徒"对他不利。他指的是左翼作家，因为立场不同，南边的左翼作家已不止一次对他形成了围攻之势，他在北平，"天高皇帝远"，还可以"笑骂由人笑骂，好文章我自为之"，到了南边就像离开了自己的地盘，想要做他的"好文章"，过他隐逸的生活也办不到了。

虽然周作人在信中没有南下的许诺，不过，既然他让大家将他看作苏武，不要视为李陵，南边的人也就将悬着的心稍稍放下。李陵原是汉朝的将领，后来在与匈奴人作战时战败投敌；苏武是汉朝派往匈奴的使节，被匈奴扣为人质，匈奴人威逼利诱，迫他投降，但他终不屈服，被流放在青海湖边放羊，十几年后才得回到故国。苏武牧羊的故事代代流传，而苏武一直被当作一个在异族人的治下保持气节的典范。周作人是反对"气节"论，但拒绝"气节"并不意味着就甘于"失节"，这时候他又以象征着"气节"的苏武自况，说明不论他在思想上如何独标孤高，自以为是，在现实当中，民族大义在他心里还是划着一条界，不是轻易就能逾越的。

有一段时间，周作人似乎的确准备在沦陷的北平做苏武了。首要的问题是解决生计。北大南迁，留下的教授只有寥寥数人，据说学校已承认周作人、钱玄同等为"留平教授"，每月寄津贴费五十元，校长蒋梦麟还曾专门来电委托他们保管北大校产。有此一说，周作人留下不走也算是名正言顺了。他也确为北大出过力，"七七"事变后不久，日本宪兵到北大第二院，要求搜查校长室，便是周作人赶来用日语交涉，保护了学校。

不过区区五十元要维持一大家子的生活是远远不够的。他拟订了一个翻译计划，准备译希腊神话，卖给胡适主持的翻译委员会。他久已不搞翻译了，显然写小品随笔是更合他口味的，然此时译书更能给他的生活带来保障，他也就重操旧业。可惜没过多久，翻译委员会撤到了香港，计划没法实行了。他又托人在燕京大学里谋到一个职位。燕京大学是西方人办的教会学校，日本人不加干涉，到里面做事也不算是任伪职，这样他就在沦陷的北平继续"苦住"下去。"苦住"是他给友人信中一再出现的词，他甚至也把自己的室名由"苦茶庵"改成了"苦住庵"。"苦住"当然是在敌人的治下苦捱的意思，同时也就是一种不合作的态度。直到1938年2月他出席了日本人主持召开的所谓"更生中国文化座谈会"之后，他仍然称他是在"苦住"。

周作人让人们把他看作苏武，何以又去参加日本人的座谈会呢？周作人一直以为中日间的战事是不会持久的，只会是局部的战争，一打一谈也就完了，真要打起来，中国一触即溃，果如此，想逃也没处可逃。他没曾想到会出现国民政府与日本人长期对峙的局面。如果打一下就和，他在北平"苦住"一阵也就挺过来了，何须吃辛苦到南边去呢？可现在看来战争一时根本不可能了结，他也要另作道理了。做苏武固然好，可这于实际有何益处呢？——他本是讲"事功"的人。据说就在那年冬天，有一次与钱玄同、马幼渔闲谈时，突然提起了"出山"之类的话，令二人很感意外。在日本人的治下，"出山"不就是上敌人的贼船吗？有此一念，出席日本人的座谈会也就是自然的事了。

关于这次座谈会的新闻很快见诸报端。不光有文字，还有照片：周作人长袍马褂站在日本军人与汉奸文人中间。消息传开，一时全国舆论哗然。很多人不敢相信这是真的，但照片是如山铁证，不由你不信。人们有一种受骗上当的感觉。周作人被看作中

◆ 一九三九年元旦，周作人在家中遭枪击，但只受轻伤。照片为事后拍摄。

◆ 一九三九年一月,周作人接受伪北京大学图书馆馆长的聘书,此后,由图书馆馆长而文学院院长,再到伪华北政务委员会委员兼教育总署督办,他在泥潭里陷得越来越深。

◆ 在那几年里,他混迹官场,周旋于汉奸政府的要员之间,已不是那个写平和冲淡的小品文、被目为现代的隐士的周作人。照片为一九四三年拍摄。

◆ 一九四五年八月日本无条件投降后不久,周作人被捕。图为一九四六年七月周作人在南京被押上法庭受审。

◆ 接受审判时的周作人

◆ 一九六三年与翻译家钱稻孙（右）合影

◆ 一九六〇年到一九六二年,周作人完成了四十余万字的《知堂回想录》,他回顾一生的荣辱浮沉,也许只有"悲欣交集"四字可以形容那心境,他再次从"寿则多辱"这句话里体味到一种难以明言的复杂况味。图为一九六五年的周作人。

国文化界的代表,即使指责他落伍的人也认他是一个现代的隐士,对之并无人格上的怀疑,一个陶渊明式的人物怎会甘于当汉奸?全国知识界文化界立时响起一片愤怒的声讨。5月5日,武汉文化界抗敌协会通电全国,严厉谴责周作人"不惜葬送过去之清名,公然附和倭寇,出卖人格";5月6日,《新华日报》发表题为《文化界驱逐周作人》的短评,支持文化界抗敌协会的通电;5月14日,《抗战文艺》刊登了茅盾、郁达夫、老舍、胡风、张天翼、丁玲等十八位作家给周作人的一封公开信,指出"凡我文艺界同人无一不为先生惜,亦无一人不以此为耻",敦促他"幡然悔悟,急速离平,间道南来,参加抗敌建国工作"。

也是在知道了这消息后,远在英国伦敦的胡适8月份寄来了一首诗:"藏晖先生做了一个梦,梦见苦雨斋中吃茶的老僧,忽然放下茶钟出门去,飘然一杖南天行。天南万里岂不太辛苦,只为智者识得重与轻。梦醒我自披衣开窗坐,有谁知我此时一点相思情?"毕竟是敬重他人品学问的老朋友,毕竟是私人间的通信,胡适的态度要诚挚友善得多了,从中可以感觉到他的忧虑和殷殷的期待。

面对这些严正的声讨、含蓄的劝告,周作人作何反应呢?前者也许更坚定了不离开北平的决心,那似乎印证了"鲁迅的党徒将对他不利"的判断。至于后者,他不能不心有所感。他回了胡适一首诗道:"老僧假装好吃苦茶,实在的情形还是苦雨。近来屋漏地上又浸水,结果只好改号苦住。……我谢谢你很厚的情意,可惜我行脚却不能做到;并不是出了家特别忙,因为庵里住着好些老小。我还只能关门敲木鱼念经，出门托钵募化些米面——老僧始终是老僧，希望将来见得居士的面。"诗里说的还是过去给友人信中的意思，不管他是否只是在敷衍，他还是感到了巨大的压力。他性格里有懦弱寡断的一面，这压力使他踌躇再三，如果说出席座谈会是他放出的一个试探性气球，那在举国上下的强烈反应之下，一段时间里，他又将头缩回去了。3月22日，周作人辞伪满洲大学之邀；4月至8月，他多次谢绝了伪北京师范学院、女子师范大学的聘请；8月15日，拒日本人搞的"东亚文化协会"，并劝友人不要加入；9月18日，拒受伪北京大学校长兼文学院长之职。此外他还多次回绝了日伪各方的宴会、稿约、邀访。给人的印象是，他在"出山"与"苦住"之间举棋不定，经历着内心的挣扎，从表面看去，他又回到了"苦住"的局面。

举棋不定间，他的经济状况却在急剧地恶化，只在燕京做"客座教授"，文章做得少了，他的收入大不如前。我们在他那段时间的日记里不断看到借钱、归还欠账之类的记载。周作人不理家政，妻子羽太信子又是个喜好挥霍不善持家的人。曾经有过一个传说，说二三十年代之际，银元换成铜币，一般是一个银元换四百六十个铜子，一次偶然提起，周坚持说是换二百多，证据是他的下人就是这样兑换给他的。众人都说他是给骗了。一查问，当然是受了骗，还发现了更大的问题，是把家里的大米也整包地偷走了。他无奈，只好下了决心，将下人请来，委婉地说，因为家道不济，没有许多事做，"请高就吧"。下人知道东窗事发，忽然跪地。他大惊赶紧上前扶起，说"刚才的话就算没说，不要在意"。

忘却斜阳上土堆
　　——周作人传

这故事人们本是说来表明周作人一团和气的性格的，同时也就见出了家里的混乱。这样的混乱的情形想来一直是如此。八道湾一度男女用人加在一起有十来个，那样的阔绰现在怎样维持呢？周作人舒服日子过惯了，东挪西借的"苦住"怎么受得了？而他又是不相信"饿死事小，失节事大"那一套，所以他不能全然放弃"出山"的念头。

然而这事干系太大了，他的性格原是优柔寡断的，在如此巨大的压力下，就更难做出决断。他内心郁闷，彷徨无着，似乎只有借助某种外力的推动，他才能完成"苦住"与"出山"之间最后的抉择。

这股外力很快就有了。

1939年元旦的上午，周作人的学生沈启无来贺年，师生正在客室里谈话，工役来报告说有人求见。那人被请了进来，周作人还没看清其相貌，那人也只问得一声"你是周先生么？"便举手就是一枪，周作人觉得左腹有点疼痛，但未跌倒。沈启无站起来说，"我是客"，那人照着他也是一枪，沈应声倒地，那人出门后在院里被工役抱住并被缴了枪，但接应的人从外边赶进来，连发数枪，将那人救走了。受伤的人被送进了医院救治，沈启无左肩中弹，但无性命之忧；周作人以为自己受了重伤，不想拍片怎么也找不着子弹，众人不解何故，后来才发现子弹穿过棉袍打在了绒线衣的第三颗金属纽扣上，只是腹部擦破了点皮，并无大碍，当即就回家了。周作人一向是沉稳儒雅的样子，可据说这一次得知只是表皮受伤后，居然高兴得跳了起来。

十八　失　节

行刺者究竟何人，什么背景？这一直是悬案。周作人认定是日本人一手策划的，目的就是逼他下水。日本军方则怀疑是国民党特工人员干的，当时国民党特务组织搞过针对亲日分子的一系列暗杀活动，日本人投降后，一个叫卢品飞的人在美国出版《黑暗地下》一书，承认他是行刺者之一，同谋者还有二人，一姓高，一姓王。另一种说法与周的侄子周丰三有关。周丰三是周建人之子，从小在八道湾跟着周作人长大。当时他在辅仁大学附中读书，同学之间经常议论他伯父有可能下水当汉奸，有的人认为保全周作人一生清名的最好办法就是将他干掉。丰三知道同学间的议论，内心很矛盾痛苦，不想真的发生了枪击事件，周作人落水后他一直精神抑郁，有一天终于用家中卫士的手枪开枪自杀了。

　　不知是出于何种动机，周作人后来不止一次分析说这定是日本人所为。其实究竟这次暗杀有无背景、是什么背景已经无关紧要了，就算是日本人干的，又能说明什么呢？如果是想迫周作人下水，那么他们如愿以偿了。周作人庆幸自己躲过了一劫，同时他也知道，日本人不再容他继续延宕了。1月12日，伪北京大学送来北京大学图书馆馆长的聘书，这一次他没有拒绝，他很清楚拒绝会带来什么后果。那一天的日记里他记道："下午收北大聘书，仍是关于图书馆事，而事实上不能不当。"他早就说过要"苟全性命于乱世"，那时只是一种避世的姿态，并没有遇到性命交关的选择，现在等于是刀架在了脖子上，而"苟全性命"这时已经意味着"失节"了。

　　在周作人的意识中，出席座谈会与出任伪职也许还是有些不同的，前一种情形似乎还有抽身退步的余地，后一种情形则代表了最后的界限，所以他迟迟没有将脚迈出去。现在既已跨出了最后的一步，一切也就顺流而下，他只有一条道走到黑了。半推半就，他由图书馆馆长而文学院院长，再到伪华北政务委员会委员兼教育总署督办，官越做越大，由起初的只是挂名，诸事不问，到后来成为像模像样的官僚，他在泥潭里陷得越来越深。在那几年里，他混迹官场，周旋于汉奸政府的要员之间，他曾访问"满洲国"，拜见过溥仪，又曾出访日本，谒见过天皇，还到医院慰问日军在侵华战争中的伤病员。若说这些都属场面上应酬的话，那他也还干过许多"实事"，比如督导"治安强化运动"的开展。他多次在各种场合做动员，还在电台作《治安强化运动与教育之关系》的讲话。1942年12月8日，在"中华民国新民青少年团中央统临部"成立大会上，他以副统领的身份主持大会，短发，八字须，身着全套日本军服，头上是战斗帽，腰间是武装带，目光炯炯地发表"齐一意志，发挥力量"的训词。人们简直不敢信自己的眼睛：这就是那个写平和冲淡的小品文，被目为现代的隐士的周作人么？

十九 『寿则多辱』

1945年8月15日，日本宣布无条件投降。这一天周作人的日记里记道："……中日均放送发表战事终了。下午一时顷往综研所访坂本与李、陈、黄诸君。雨中回家。"——与平素的日记没有什么不同，语气一样的平和。他的内心则并不像表面那样平静，他知道他将为他在沦陷时期的所作所为付出代价。起初他还存着几分希冀，想躲过这一"劫"，他通过熟人向国、共两方面都试探过，但两方面都没有给他什么盼头。共产党方面很干脆地拒绝了他到解放区的要求；国民党那边则根本不见回音。他明白，他是在劫难逃。

12月6日，国民党军统局局长奉政府军事委员会北平行营主任李宗仁之命，派军警包围了八道湾周作人的住所。周作人在他的试探失败之后，已经知道逮捕是迟早的事，所以倒也并不惊慌，当军警将枪口指向他的胸口迫他就范时，他只自言自语似地说："我是读书人，用不着这样。"便跟着军警走了。

周作人被捕后，先在北平炮局胡同陆军监狱关了半年，随后

十九　"寿则多辱"

即被押送南京受审。上飞机时,记者发现周作人比半年前瘦了许多,光着头,在同被押解的一行人中,他的衣服最旧。他的神情很是漠然,记者问他有何感想,他态度冷淡地说:"我始终等待被捕,无感想。"他并非真的没有感想,此时此刻,他应是感慨万千的。八年前南边的友人千呼万唤,他以家累重为由,就是不肯南下,谁能想到现在以这样的方式,以犯人的身份被押着南下了呢?

1946年6月17日,南京高等法院的检察官对周作人提起公诉,他的主要罪状如下:任伪职期间,聘用日本人为教授;遵照日本政府的侵略计划实施奴化教育;推行伪令,编修伪教科书,作利敌之文化政策;成立青少年团,以学生为组织训练对象,泯灭青年拥护中央抗战国策,启发其亲日思想,造成敌伪基要干部。此外还有协助敌人调查研究华北资源,便利其开掘矿产,搜集物资,以供其军需,等等。

周作人受命写了"自白书",他为自己"陈情"道:"初拟卖文为生,嗣因环境恶劣,于28年1月1日在家遇刺,幸未致命,从此大受威胁……以汤尔和再三怂恿,始出任伪北京大学教授兼该伪校文学院院长,以为学校可伪学生不伪,政府虽伪,教育不可使伪,参加伪组织之动机完全在于维持教育,抵抗奴化……"他这么辩解是在人们意料之中的,因为当时许多汉奸都为自己的"落水"诌出了类似的"动机",好像他们倒成了忍辱负重"曲线救国"的英雄,似乎不单不应定罪,反应向他们颁发勋章。

不过周作人与那些早就是政客、顺理成章当了汉奸的人还是有很大不同，毕竟他有过五四时代的光荣，毕竟他曾经是人们仰慕的人物，他又有过一段"苦住"，"落水"像是出于"被动"，所以人们是怀着一种复杂的心情在关注法院的审理。眼见他落到现在这个地步，那些亲历了新文化运动的人，深知他在中国思想文化史特殊地位的人尤其感到痛惜。曾经与周作人在文学研究会有"战友"之谊的郑振铎就在《惜周作人》一文中流露出这样的情绪，他谴责周作人对中国的前途悲观而终至附逆，同时他更表示了痛惜之意，甚至以为"在抗战的整整十四个年头里，中国文艺界的最大损失是周作人的附逆"。他忘不了周作人昔日的辉煌，文中写道："假如我们说，'五四'以来的中国文学有什么成就，我们应该说，鲁迅先生和他是两个颠扑不破的巨石重镇，没有了他们，新文学史上便要黯然失光。"出于惜才之情，郑振铎说："我们总想保全他。即在他被捕以后，我们几个朋友谈起，还想用一个特别的办法，囚禁着他，却使他工作着，从事于翻译希腊文学什么的。"

想"保全"周作人的不止是郑振铎。他的高足废名甚至坚称"知堂老简直是第一个爱国的人"，"知堂老一生最不屑为的是一个'俗'字，他不跟我们一起逃走了，他真有高士洗耳的精神，他要躲入他的理智的深山"，"他只注重事功（这或者是他的错误！），故他不喜欢说天下后世，倒是求有益于国家民族"。这已经不止于"保全"，而是独持异论，认定周作人不仅无罪而且有功了。

这样的论调在周作人一定是有"深获我心"之感，但当然是绝大多数人不能苟同的。他的另一位得意弟子俞平伯的做法则要更"事功"一些。俞平伯一直在为周作人奔走,他曾写信给胡适,希望胡适为周作人说项,又曾与沈兼士等十五位大学教授联名上书国民政府最高法院,要求从轻发落,文中称"周作人学术文章久为世所推服,若依据实绩,减其罪戾,俾使炳烛之余光,完其未竟之著译,于锄奸惩伪中暗寓为国惜才,使存善美之微意,则于情理实为两尽"。这里所说的"实绩"是指周作人任伪职期间的某些言论对日本人不利,为此曾遭到日本狂热好战分子的攻击,此外他还在保护北大校产等方面做了些事。这都是周作人在为自己声辩时提到过的。

其实不待俞平伯敦请,有些力所能及的事胡适也会做的:他任校长的北京大学出具了证明,说日本人投降后清点校产,没有什么损失,还有所增加。原北大校长蒋梦麟也证明,学校撤离时确曾委派周作人等保护校产。他们都与周共过事,也都对他有好感,这么做也算是"情理两尽"吧?

法院是不讲什么"情理两尽"的,不过这些证明本身还是起了作用。对周作人有利的还有,他曾说他保护过国民党派往北平的地下工作者,现在这些受到过他保护的人出来做了证明。法庭最终的宣判说明,他为自己的辩护中有事实证明的相当一部分被接受了。第一次的判决是有期徒刑十四年,剥夺公民权十年。周作人不服,声请复判,于是有第二次,也是终审判决——比前次减少了四年徒刑。减刑的原因判决书上是这样写的:"查申请人虽因意志薄弱,变节附逆,但其所担任伪职,偏重于文化方面,究无重大罪行,原审既认其曾经协助抗战及为有利人民之行为,依法减轻其刑,乃处以有期徒刑十四年,量刑未免过当",故重新审决,以"通谋敌国,图谋反抗本国"罪,"处有期徒刑十年,褫夺公民权十年。"

对这样的判决周作人服是不服?从内心讲他肯定是不服的,事实上在他"落水"之前他有过一番口问心、心问口的考虑,他早已为自己准备了充足的理由,这理由是给别人的,更是说服他自己的,他必须把自己的附敌解释成自己的主动选择,才能让自己心安理得。要他这样自视甚高、只相信自己的"理智"的人服罪,无异于让他精神崩溃。然而他知道在现实面前他只能低头。他是一介书生,而且一直是坚持自由主义立场的,自由主义意味着不党不派,与任何党派都保持距离,只凭了个人的判断说话,这是他足以自傲的,也是很多人仰慕他的原因。可是现在这却对他大大地不利了,他是孤家寡人,党国要人他够不着,没有谁会对他网开一面,对此他不难有自知之明。

不管他是否在内心维持着他的骄傲,在现实中他已经顾不得或者很难保持住他往日的从容不迫了。在被关押待审那一段时间里,有位记者访问了他,狱中的周作人再也不会让人联想到昂首天外的"鹤",而是显得很"识相"了:狱吏带了一个小老头儿出来,穿了府绸短衫裤,浅蓝袜子,青布鞋,光着头,很消瘦,"与想象不同的是没有了一脸岸然的道貌,却添上了满脸的小心,颇有'审头刺汤'的汤裱褙的那种胁肩谄笑的样儿"。狱中的周作人一定不止一次感慨万端地想到过他颇相信的圣王帝尧的话——"寿则多辱"。1924年他的文章里就特别引述过,并引兼好法师的话说:

"即使长命,在四十以内死了,最为得体。过了这个年纪,便将忘记自己的老丑。"那时他快到四十岁,写这话也有几分警醒自己日后不要做丢人现眼的事的意思吧?他绝不会想到这话会在自己的身上应验。事实上当他穿着日本军服、戴着战斗帽的照片在报上出现时,他已经将人丢尽了,只是那会儿当官的得意可能让他意识不到自己的"老丑",现在身为阶下囚,不管他在心里把自己想象成怎样的形象,羞辱的滋味他是尝到了。

算起来这不是周作人第一次进监狱。儿时的周作人因要陪侍祖父,经常出入大牢,心情非常压抑。这一次则是只进不出了,自己坐牢,又是别一番滋味在心头。你得承认周作人是个很有修养的人,所谓修养是说他能够控制与调节自己,很快适应环境,顺从自己的命运。他祖父一直牢骚满腹,周作人则虽在命运未卜之际很有些失态,待到终审判决下来,便很快平静下来。养尊处优惯了的人骤然间没了自由,一切生活要自理,当然是难受,但过了一阵子,他的生活就上了轨道。

他生来就是个读书人,读书人生活中最重要的内容便是书了。在狱中他搞到了一部英国人写的《希腊的神与英雄与人》,喜不自禁地看完了。以他的阅读速度,零星得到的书实在经不起看,他便开始翻译这本书。这是消磨时光的最好法子,同时也就是在重操旧业。他在南京老虎桥首都监狱服刑,起先是在忠舍,随后移至义舍,最后是独居,一人一小间。译书在忠舍就开始了,这里的起居挤得很,极小的房子要住四五个人,周作人倒觉得在这样的环境里"还可以做一点工作"。他将一个饼干洋铁罐作台,上面放一块板当作桌子，就伏"案"而作了。译书之外，他在狱中还写了不少打油诗。打油诗《五十自寿诗》已开其端，此时特殊的处境让他诗兴大发，更是大作特作。这些诗有记他狱中生活的，有追忆往事的，写得都很清淡，亲切而不失幽默。经历了诸多的变故，身在囚牢之中，童年时代那种无忧无虑的生活似乎特别有一种诱惑，他回忆起幼时故乡生活中的种种细节，前后写了"儿童杂事诗"七十二首。他说写诗在他是"自娱乐"的事，沉湎于往事之中，他也真的部分忘却了眼前的愁苦。

周作人并没有服完他的十年徒刑。1949年初，蒋家王朝行将覆灭，监狱的犯人要疏散，可以保释。1月16日，周作人被保释出狱，结束了在老虎桥两年多的监狱生涯。出狱后他到上海一友人家暂住。那时北京已是共产党的天下，南京上海则仍被国民党把持，兵荒马乱，京沪之间不能通车，他一时无法回家。就这样他在友人家当了一百九十八天食客，直到8月份他才回到北京八道湾家中。

据说在上海的那段时间里，逃离北京在沪小住的胡适曾约周作人会面，周作人知道他的意思是劝他南下，躲开共产党，便没有去见。他对人说："我当年苦住北平，曾以苏武自况，这次逃离上海，难道自居白俄，还是自称政治垃圾？"据他晚年的回忆录中的说法，当时他还托人代为致意，劝胡适留在大陆。胡适当然不会听他的，他也不会接受胡适的美意。就是国民党政府让他坐牢的，他再凑上去难道会有什么好果子吃？

十九　"寿则多辱"

他不但没去见胡适，相反，他还有肯定会让胡适感到意外的举措。就是在上海期间，他给中共领导人周恩来写了一封信。信中他表示了对中国共产党的拥护，对中共的主张和方针政策的理解，并且"诚实的表示一点佩服的敬意"。同时他又细致地解释自己思想的来龙去脉，且由此出发为他的失节做了一些辩解。尽管信写得很有分寸，言词间竭力保持着一份矜持，他的意图是很明显的，就是要求得中共最高当局的谅解。周作人对共产主义从无好感，二十年代起与左翼阵营的冲突就没断过，俞平伯在请胡适为他说项的信里还说到"左翼作家久嫉苦茶，今日更当有词可籍"，要说周作人忽然间改了立场，恐怕谁也不信。他一向以不党不派的自由主义立场自傲，现在忽然间向中共套近乎，只能说明他已经很"识相"了。

国民党没有"谅解"他，共产党会"谅解"他吗？至少周作人是抱着几分幻想的。这幻想也不能说没有一点根据。他曾经为早期中共领袖李大钊仗义执言，掩护过李大钊的子女，更让他存着侥幸的是，眼下中国共产党的第一号人物毛泽东年轻时曾到八道湾拜访过他。也许那时他对众多仰慕者中间的这个湖南青年根本没有留意，不过自毛泽东在延安成为中共的最高领导人之后，他已经刮目相看了。1940年，李大钊的女儿李星华要去延安，临行前周作人曾对她说："延安我不认识什么人，只认识一个毛润之，请你给他带好。"此时他肯定把这些于他有利之事都想起来了。那封给周恩来的信其实就是想写给毛泽东的，只是"因为知道他事情太忙，不便去惊动，所以请先生代表了"。

根据有关人士的回忆，毛泽东是看到了那封信的，看完了之后说："文化汉奸嘛，又没有杀人放火。现在懂古希腊文的人不多了，养起来，让他做翻译工作，以后出版。"周作人以后的命运大致上也就由这一言而定了。当然，在以后共和国一波接一波的政治运动中，他还得经历许多料不到的磨难，但这些运动连毛泽东主席也未必料到的，那还更有何说？

五十年代初，大陆的政治气氛还比较宽松，周作人的文章可以发表。他写得很多很快，几乎每天都有文章见报。这里面有很多是骂国民党的，他原本对国民党就有一口恶气，骂一骂倒也痛快，不过比起他往日的文风来，骂得实在有欠含蓄，让人觉得有有意向政府讨好之嫌。也有大量的文章是知识性趣味性的，清淡隽永，仍是他谈天说地的一贯风格。不必坐牢，可以写自己的文章，这比在国民党时代坐阶下囚要好得多了。

也许正是这境遇的改善让他产生了错觉，对政府有了更多的希冀。1952年2月，他上书毛泽东，为自己当汉奸之事申辩。同月他又给文化部门的领导人周扬写信，并抄送了给毛泽东的信。给周扬的信里说，他"不愿在人民政府之下被说成是通谋敌国反抗本国的人。以前在国民党时代，是非颠倒一塌糊涂，所以也就算了，但是现今相信政府最讲情理，自己的事可被了解，有如溺水的人望见了救生船，不免又有了希望"。周扬给他回了信，并约他面谈了一次，不过他显然未得要领。他又曾要求用周作人的名字发文出书，中宣部便要求他写一封公开的检讨书，对参加敌伪政权的事低头认错。他写了一个书面的东西，却仍坚持说任伪职是为了保护民族文化。领导上以为这样的自白无法向群众交待，故未公开发表，并规定他以后出书只能用周启明的名字。1958年4月，周作人写信给法院，申请恢复自己的选举权，但未获批准。

周作人为自己"正名"，改善政治待遇的幻想落了空，他在经济上的要求却在很大程度上得到了满足，——其实，这也是他一再上书的一个重要原因。他的家累一直很重，1949年以后，家中的生活更加窘迫，那么多的人口，几乎要靠他一人养活。他上书周扬之后，在有关部门的安排下，人民文学出版社请他译书，买下他的稿子，每个月给他预支稿费二百元。但他仍感不敷用，1960年他又给康生写信求助。以后人民文学出版社将他每月预支的稿费加到了四百元。这在当时已是相当高的待遇，也算是充分体现"养起来"的政策了。

被"养起来"的周作人继续过他的书斋生活。当然这书斋已经不比那书斋了。八道湾十一号大院里住进了很多人家，杂乱、纷扰，已经没有了往日的宁静，他的两万多册书充了公，比起昔日的坐拥书城，他现在面对的是萧然的四壁。他写作的自由度也不能与过去相比，——他必须小心翼翼地选择自己的题目，而且在有限的范围内也不可能随心所欲地说话。

五十年代末，允许他写的差不多只限于关于鲁迅的文章。那时鲁迅研究正在升温，而他对鲁迅早年生活的熟悉是谁也比不了的，他很好地利用了他的优势，写了很多资料性的文章，这些文章后来结集为《鲁迅的故家》《鲁迅小说中的人物》二书，一九四九年后到改革开放以前，大陆出版的周作人自著的书，仅此二种。二书写得翔实而亲切，至今仍是研究鲁迅最可靠的资料。

他与鲁迅的恩怨一直没有化解。据建国初期与周作人有过接触的人说，在他的屋里挂起了鲁迅拓的汉碑，有一次送人出门，他还指着院里的丁香树说，"这是家兄种的"。自从与鲁迅翻脸后，他提起鲁迅大都是直称其名，称为"家兄"，隐约让人感到兄弟之情在他心里有复活的意思了。不过他心高气傲，现在落到只有借鲁迅的光才能出书，引起注意，心里肯定很不是滋味。晚年他提起此事，说提供了这么些资料，也算对得起他了。——言下仍有几分不情不愿。他也肯定知道，在举国上下的"鲁迅热"中，他大写这一类的文章难免"吃鲁迅饭"之讥，只是他顾不了这么多了。

事实上，随着大陆政治气氛越来越紧张，即使关于鲁迅的文章，他想写也写不成了，到六十年代，他已不被允许在大陆发表文章，只能从事翻译。好在译书也是他乐于从事的工作，虽然在过去那是他主动的选择，现在则是别无选择，更多了几分"稻粱谋"的意味。的确，挣稿费于他已是头等大事。他一人要养活一家三代，还包括周建人的前妻孩子，手头一直很拮据。他不断地向有关部门、向友人请求援助，不光是大陆，他的求援信还不断地飞向海外。借钱、催稿费、"哭穷"几乎成了他书信日记中唯一的内容。往往是稿费一到手就先要还钱，而后又是告贷，拆东墙补西墙，总也没有了局。其实他的"哭穷"并非始于一九四九年以后，二三十年代起他周围的人就已不断听到过他对家累的慨叹，知情的人怎么也弄不懂以他并不菲薄的收入，经济上怎么会如此窘迫。相对说来，他晚年的"哭穷"要容易理解一些，这时的收入是多少年来的最低点，他与羽太信子年老多病，而他不是任何单位的人，享受不到公费医疗，看病吃药营养品，都是很大的花销。

贫、病都是很让人不快的事，晚年周作人的不快则还要加上与羽太信子的矛盾。他们夫妻间的感情一直还算不错，不知怎么到了晚年，羽太信子性情大坏，常常无端与他争吵，弄得家无宁日。周作人觉得妻子简直不可理喻，却也无法可想。那种日常的口角、冲突一直持续到1961年羽太信子病逝，周作人有一种解脱之感，同时想着几十年来的生活，也有几分伤感和茫然。

面对生活中的种种不如意，能使他压抑烦闷的心绪得到排遣的，也唯有他的翻译、写作了。他的译书工作一直在进行，1965年3月，他终于译完了希腊作家路吉阿诺斯的对话集，了却了五十年来的一桩心愿。晚年另一件让他愉快的事，是1960年，香港友人曹聚仁约请他写回忆录。周作人的文字在大陆已经不能发表了，在海外则还可以，曹聚仁的约请更给了他一个清理一生经历的机会。从1960年月12月到1962年11月，他以两年的时间完成了四十余万字的《知堂回想录》。

在两年的时间里，他沉浸在对往事的回忆之中，回顾一生的荣辱浮沉，也许只有"悲欣交集"四字可以形容那心境。他早年的"荣"与晚年的"辱"反差实在太大了，目下的"辱"由这一生的回顾更让人感到难堪，他再次从"寿则多辱"这句话里体味到一种难以明言的复杂况味。1966年他在全书杀青后写的一篇《后序》里再次提到"寿则多辱"和兼好法师的那段话:"我平常总是这么想,人不可太长寿,普通在四十以内死了最是得体,这也不以听兼好法师的教训才知道,可是人生不自由,就这一点也不能自己作主,不知道这是怎么干的,一下子就活到八十(其实现在是实年八十一了),实在是活得太长了。从前圣王帝尧曾对华封人说道,'寿则多辱'……其实是不错的。人多活一年,便多有些错误及耻辱,这在唐尧且是如此,何况我们呢?"他甚至悬想,如果元旦刺客的那一粒子弹若不是被纽扣挡住,他的生命在那一刻中止,那他就成了烈士,以后经历的种种耻辱都无需他去面对了。他又自我宽解地想,那时没有死去,到现在可以完成译书的心愿,总还算是幸事。其实他并没有对失节的事有忏悔之意,只是自怨自艾地想,他经受的耻辱太多了,那真是自取其辱。然而那时他不会想到,后面还有更大的耻辱在等着他,但那已经不能算是他"咎由自取"的了。

1965年译完了《对话集》之后,他感到心愿已了,自己也将不久于人世了。4月26日,他重立遗嘱,作为最后的"定本":

> 余今年已整八十岁,死无遗恨,姑留一言,以为今后治事之指针尔。死后即付火葬或循例留骨灰,亦随便埋却。人死声销迹灭最是理想。余一生文字无足称道,唯暮年所译希腊对话是五十年来的心愿,识者当自知之。

1966年,史无前例的"文化大革命"开始了。在扫荡一切牛鬼蛇神的风暴中，早已被人遗忘的周作人又被想起。8月22日，一群红卫兵冲进八道湾周作人家中，砸乱了家中供奉的周树人，当然也有鲁迅母亲的牌位。8月24日早晨，82岁的周作人被红卫兵拉到院中大榆树下用皮鞭、棍子抽打，家也被查封。周作人无处安身，几天后才被允许睡到洗澡间。夏末初秋的天气，他被蚊虫叮咬得体无完肤，后经儿媳求情，才在厨房的角落里拼了一个铺板床让他躺卧。周作人本年事已高，体弱多病，经了这一番折腾，更是痛苦不堪。他甚至一再要求家里人设法弄些安眠药来，让他从速死去。然而"就这一点也不能自己作主"，在那样恶劣的情形下，他拖着老病之身，居然熬到了第二年春天。

1967年5月6日，周作人终于走到了生命的终点。那天中午，照料他的老保姆给他熬了一碗玉米面糊糊，他端起吃得干干净净。下午两点多钟，邻居隔窗发现他趴在铺板上一动不动，姿势极不自然。待儿媳被喊来，他已经过去了。

没人知道他是怎样过去的，更没人知道在生命最后他脑子里飘过的是怎样的思绪。也许他早已没有精神想什么了。他将一生是非功过的评断都留给了后人，让人们去评说，让人们去回味，让人们去感慨……

忘却斜阳上土堆
——周作人传

附录

读周札记

劝勿为文人

《苦口甘口》一文，照例有周式的掉文而兼破题，说"甘口"的来历，盖"苦口"易解，"甘口"不常说，"甘口"并非好话之意，文中交待是从"鼱"字而来："鼱，鼠之最小者，或谓之甘鼠，谓其口甘，为其所食者不知觉也。"所以"甘口"翻成大白话，乃是甜言蜜语之意，甜言蜜语，悦耳而实害人，所以他只有"苦口"，没有"甘口"。是否明白出典对领略该文大旨无关紧要，用周作人自己的话说，这不过是"成功一篇文章"的"作料"，添几分游词余韵而已。中心的意思反正就是苦口婆心劝年轻人不可率尔以文学为职业。鲁迅遗嘱中对后人有一戒条云："孩子长大，倘无才能，可寻点小事情过活，万不可去做空头文学家或美术家。"这里有"倘无才能"的前提和"空头"限定，理由未说，恐怕别处说过了。撇开对"空头文学家"的厌恶，鲁迅在这上面的看法与周作人下面的意见相去不会太远："第一件想说的是，不可以文学作职业。本来在中国够得上说职业的，只是农工商这几行，士虽然位居四民之首，为学乃是他的事业，其职业却仍旧别有所在，达则为官，现在也还称公仆，穷则还是躬耕，或隐于市井，织屦卖艺，非工则商耳。若是想以学问文章谋生，唯有给大官富贾去做门客，呼来喝去，与奴仆相去无几，不唯辱甚，生活亦不安定也。"有意思的是,周回忆说章太炎当年就曾有类似的告诫:"章先生常教训学生们说,将来切不可以所学为谋生之具,学者必须别有职业,借以糊口,学问事业乃能独立,不至因外界的影响而动摇以至堕落。"这番教诲对鲁迅想必也有影响。虽然鲁迅对章太炎晚年所为不以为然,周作人曾有"谢本师"之举,老师的许多教诲还是听之在心,二人之劝好文学者谨慎从事,个人的经验之外,还有师教的远因。

大傲若谦

论者常以"大傲若谦"说周作人,周作人似从未用以自况,不过心底里未必不是以此自视,至少以为此亦一境界,总是心向往之的。在别处未见此语,《文坛之外》一文中倒约略及之,可以看作一解。该文与此前所写《辩解》一脉相承,倪云林"一说便俗"的典故又说了一遍,还是申说他"不辩"的态度,不过似乎更明确。此文写于一九四四年十二月,去"破门"及"反动老作家"事件未远(这都可算是沦陷区"文坛"上的大事了),写作的动机有这方面的背景(此前有《遇狼的故事》即是因沈启无"反噬"而愤然有作),虽然,写出来也是"言近旨远",关乎他对一切纷争的态度。虽说的是"文坛",未言其他,然读者不免要想到其他,比如,日本人眼见不支,关于失节一节,是否更有"辩"的冲动了?不管怎么说,辩与不辩的问题是常在念中了。接连写"不辩"的文章,恰恰说明不能默尔而息,看作是对"辩"的冲动的自我疏导,亦未为不可。而实质上,是宣明矜持的姿态以代替辩解。

他的态度有争与不争、辩与不辩的两面,关于争、辩的一面,可以另说,更能体现其"大傲若谦",也牵出了该词的,是不争、不辩,也即"忍辱"的一面。

关于忍辱,他先说到佛教的怀忍行慈最令人景仰,"但是凡人怎么能做得到"?接下来则说道:

> ……中国君子的忍辱,比较的好办,适宜的例子可以举出宋朝的富弼来。公少时,人有骂者,或告之曰,骂汝。公曰,恐骂他人。又曰,呼君姓名,岂骂他人耶。公曰,恐同姓名者。据宋宗元在《巾经纂》的注中说,清娄东顾织帘居乡里,和易接物,亦曾有同样的事,可见这个办法还不很难。我说这是道家的做法,与佛教很不相同,他的根本态度可以说还是贡高自大,不屑和这一般人平等较量,所以澈底的容忍,如套成语来说大傲若谦实在也可说得。

不理会是退让,是"谦","谦"的后面是不屑与辩,或用大白话说,不跟你一般见识,这就见出"傲"来。周作人一向的做法就是如此,面对三十年代左翼文坛的批判,关于兄弟失和事,再到沦陷时的落水事敌,都是不争、不辩,或声称不辩(说不辩而实辩是另一事),于不争不辩中赢得主动,即某种踞高临下的态势。若兄弟失和事,兄弟二人都不说,但鲁迅原是要辩的,周作人写绝交书让不要过来了,这是不给辩的机会,"我昨天才知道——但过去的事不必再说了","以后请不要到后面的院子里来。没有别的话。""知道了"什么? 不说,"没有别的话"是杜绝一切的"辩"。其后在与人书信及回忆录中,一如大有隐情,尤云,"你自己心里清楚!还用我说?!"其实摊开来也未必就有什么,即或有,也不及不说更能维持一种心理优势,决不放弃这种优势,这是周作人的"傲"的一端。

周作人即以此种态度来避免让自己陷入与敌手的缠斗中去。

二周流水帐

周作人与鲁迅一样，都有记日记的习惯，一生绝大部分时间，逐日有记，很少中断。而且像鲁迅一样，他的日记也是流水帐式，"记实"之外，很少将其他内容放入其中，大似起居注、备忘录的性质。自一九二九年起，周开始使用一种特制的日记本，每页分上下两栏，下面记内容，上栏又分数格，一格填日期，其他分别印有"天气""寒暖""发唁""受唁"字样，其每日书信往还最是清楚。"起居注"中有一项内容，兄弟二人都喜记上一笔，鲁迅日记中每有"濯足"字样，周作人晚年日记中，"洗脚"二字亦常出现，且有的时间段几无日无之。洗脚似是其日常生活中重要内容（或令人惬意？），因洗脸刷牙之类却不见记录。周作人日记中偶记"上午洗脚"，却不知是何习惯或嗜好。

钟情路吉阿诺斯

路吉阿诺斯显然是周作人最钟爱的外国作家之一，甚至他的遗嘱中还有特别的交待："余一生文字无足称道，唯暮年所译希腊对话是五十年来的心愿，识者自当知之。"《对话集》1965 年译毕，而周氏最初翻译该作家则在近半个世纪之前。《冥土旅行》等数篇收入译文集《陀螺》，另有一篇《论居丧》，居然两度收入自己的文集（《看云集》《知堂文集》）。何以如此倾心，遗嘱中没说，仅称"识者自当知之"，但早先对该作家是有过议论的。《论居丧》译者附记中说：

"路吉阿诺斯的讽刺往往是无慈悲的,有时恶辣地直刺到人家心坎里。但是我们怎么能恨他。他是那么明知地,又可说那么好意地这样做,而我们又实在值得他那样鞭挞。正如被斯威弗德骂为耶呼,我们还只得洗耳恭听。这虽然或者有点被虐狂的嫌疑,我们鞭挞自己的尸体觉得还是一件痛快事,至少可以当作这荒谬万分的人类的百分之一的辩解。"这样的体认不知到晚年有无变化,但"八十自寿诗"有句云"对话有时装鬼脸,谐谈犹喜撒胡荽。低头只顾贪游戏,忘却斜阳上土堆"。后来周作人又对此诗作说明:"近译希腊路吉阿诺斯对话,中多讽刺诙谐之作,甚有趣味。出语不端谨,古时称撒园荽。"诗不能尽意,不过至少表明路吉阿诺斯吸引周氏,很重要的原因是其讽刺的辛辣、入骨。

斯威弗特

周作人《回想录》"一四八 五卅"一节回忆《吃烈士》《碰伤》等文的写作云:"我写这种文章,大概系受一时的刺激,像写诗一样,一口气做成的,至于思想有些特别受英国斯威夫德(Swift)散文的启示,他的一篇《育婴刍议》(*A Modest Proposal*)那时还没有经我译出,实在是我的一个好范本,就只可惜我未能学得他的十分之一耳。"——直承斯威弗特乃是他的"行文出处"。其他文章中提到斯氏亦非止一处,所激赏者,正是通于路吉阿诺斯的一面,即入骨的讽刺。(鲁迅对斯氏亦甚推许,视为讽刺艺术的高峰,谈讽刺而独许"果戈理、斯惠夫德"二氏,即为明证,见《什么是"讽刺"?——答文学社问》)

周作人曾译斯威弗特的《育婴刍议》《婢仆须知抄》,1923 年在《育婴刍议》附记中说:

十六七年前我翻阅泰纳（Taine）的《英国文学史》，才知道斯威夫德的冷嘲的厉害……当时有人相信他所说的是真话，非难他的残酷，就是承认它是"反话"的也要说他是刻薄到无情（Heartless），不过这些人所见只是表面的笑骂，至于底下隐着的义愤之火也终于未曾看出了。

我译这篇文章的目的之一当然是在介绍，但更主要的乃是满足自己感兴的要求。我有这一种脾气，也就成为一种主张，便是创作以及译述应是为自己的"即兴"而非为别人的"应教"。这在理论上当然可以容得许多辩驳，但实行上我总是这样做去。我所译的零碎的小篇中，有温存的，有悲哀的，有教训滑稽的，种类不一，便是这个缘故。有时又忽然爱好深刻痛切之作，仿佛想把指甲尽力的掐进肉里去，感到苦的痛快。在这时候，我就着手译述特别的文字，前年在西山养病时所译的《颠狗病》和这篇《刍议》都是一例。……

上海与北京

《知堂回想录》"从上海到北京"一节述初到上海情形，称长江这条路他是未走先怯：盖因"它要经过全国顶有名的都市，即是上海，从前是诸恶毕备，平常的人偶尔经过，便说不定要吃什么亏的"。虽有戒备，此次仍被小偷扒去钱包。据他说言，因往南京上学事，上海已走过十几回，而此时的周作人已有过日本留学经历，应说见过世面，仍忐忑若此，足见上海在当日人们心目中的形象。此形象亦有鸳蝴派的"黑幕""狭邪"小说可证。所谓黑幕者，大抵都是渲染上海何以为万恶渊薮。新文化阵营中人对上海印象均大不佳，每提及必斥其商业化、拜金主义。鸳蝴派文人多是一面穷形极象写上海滩之"恶"，一面亦有耽溺，不经意间会家子或准会家子的自得也隐现其间。新派文人则是真的厌恶，如俞平伯等，提及上海，都是深恶痛绝的口吻。见出对现代都市的不适与排拒心理。不过此处新派文人应限于"五四"一茬人，三十年代新文学家又自不同。这是大体言之，京派作家对上海仍是反感，如沈从文、朱光潜延续的还是"五四"文人的态度。"五四"一辈则在对上海的反感这一点上似无例外。

有意思的是，北京周作人从未去过，心理上倒全无戒备。

"译介学"先驱

1936年周作人于北大国文系新开一课，曰"六朝散文"，此课程包括讲授"佛经文学"的内容。教学大纲上有案语云：

> 六朝时佛经翻译极盛，文亦多佳胜，汉末译文模仿诸子，别无新意味，唐代又以求信故，质胜于文。唯六朝所译能运用当时文调，加以变化，于普通骈散文外，造出一种新体制，其影响后来文章亦非浅鲜。今拟取数种，稍稍讲读，注意与译经之文学的价值，亦可作古代翻译文学看也。

这里涉及到翻译的诸问题：翻译文体的选择，翻译如何成就独特文体，以及翻译文体对文学的影响。当今翻译研究成显学，已从比较文学中脱颖而出，自立门户,周作人在北大讲此内容,也应被追认为译介学开风气的人物了——虽说"填补空白""第一人"之类,显然非他所计。

"知堂法脉"

钱锺书致黄裳:"裳兄文几:音问久疏,忽奉惠颁尊集新选,展卷则既有新相知之乐,复有重遇故人之喜。深得苦茶庵法脉,而无其骨董葛藤酸馅诸病,可谓智过其师矣。"聂绀弩曾赞誉高旅的《持故小集》:"持故好,博学卓识,有知堂风味,但知堂抄书多,你不抄,胜他。海内以博学知名者为钱锺书,他只谈文艺,你比他天地阔。总之,读书多,记性好,其用无穷。"钱、聂均善诙谐,赞对方"智过其师""胜他"云云,是赞语,亦谐语,称道中有诙谐,诙谐中有称道。聂一气拉周作人钱锺书作衬,更有谐谑意味。但挑剔知堂处,当然都是真实的看法。聂绀弩批得明确,以周作人抄书为病;钱锺书所谓"骨董葛藤酸馅"是"诸病",非止一端。"骨董"指抄书,似又不限于此;"葛藤"或是病其东拉西扯,行文啰嗦;"酸馅"不似前者更多关乎"文法"问题,乃及于文章气息,知堂爱好者欣赏的低徊之意,钱锺书或者正以为病。"诸病"杂陈,岂非一笔抹倒?然既云"深得法脉",自然认知堂为一家。

燕大授课与《中国新文学源流》讲座

《知堂回想录》"琐屑的因缘"一节述他以胡适之荐在燕京大学担任新文学的功课,"一直蝉联有十年之久"(一九二八年至一九三八年)。周作人将此经历描述为"一件重大的事情","很奇妙的一段因缘"。言其"重大",可能是此次非一般到别校兼课的情形可比,是独当一面,而讲课内容又是他愿意发挥的。他的职务是"新文学系主任"(国文系主任),承担课程中包括现代国文的一部分,这是他不感兴趣的,而有关"新文学"的课程他讲些什么,课程名称,却未道及。按说他讲授的内容应与《中国新文学的源流》(一九三二年在辅仁大学的系列讲座)一书有联系。然《中国新文学的源流》"小引"中却说:"所讲的题目从头就没有定好,仿佛只是什么关于新文学的什么之类,既未编讲义,也没有写出纲领来,只信口开河地说下去就完了。"好像此前毫无准备。周自认是个"不会说话的人",至少不擅演讲,梁实秋等人的回忆中都说到他授课和演讲声音极低,几乎是埋头念讲稿。此次既无讲义,也无大纲,却能"信口开河地说下去",也是异数。合理的解释是,题目或者是新想的,其中的内容则早有积累,已然成竹在胸。在燕大十年讲授新文学课程,《源流》一书所论,在那里应是已经讲过,讲座是取其精华,另以条贯。可惜未见周氏燕京授课的笔记,否则一看便知端的。

无巧不成书

《中国新文学的源流》成书有偶然性,周作人原无意写成一书,若不是应沈兼士之邀往辅仁开讲座,或邓广铭精心记录,则无此书出版。其实书中许多观点,周氏在其他文章中亦有发露,但片断地言说与系统地阐述,又有不同,讲学却是一个形成系统的契机。此书尤其小者,鲁迅《中国小说史略》是"扎硬寨,打硬仗"的大著述,成书也带有偶然的性质。据《知堂回想录》记载,一九二〇年,北大国文系欲增开小说史课,系主任马幼渔原请周作人承担,且周已应承。其后才觉不妥，商之鲁迅，改由兄长担任，这才有后来《中国小说史略》的成书、出版。此事可为"无巧不成书"添一新解。

既因授课而成，《中国小说史略》原为教科书性质，自不待言。周作人《欧洲文学史》亦同样性质。但彼时教科书，与其后集体编撰者，胸中蕴蓄不同，即使原为授课，出之以教科书形式，也还是成一家之言。

"积极"的证据

王锡荣著《周作人生平疑案》与其他史料书不同处，在于将史料做问题化处理，亦即归类，读来颇有意趣，有类书的功能。其中"周作人当汉奸是积极还是消极？"一章排比的史料，最是爱知堂者难以面对处。"消极"已不可恕，但总还可以归于"苟全性命于乱世"的"凡人的悲哀"，"积极"则性质又不一样了。著者所列"积极参加汉奸活动"的五条（"秉承主子旨意，积极履行汉奸职务"；"积极出访，为日本侵略者张目"；"多次发表演讲和广播讲话，大造汉奸舆论"；"大力开展奴化教育"；"捐款献媚"），大体同于胜利后对周氏的指控，并不出人意料，似也不能据此证明其"积极"（"秉承""大力""献媚"等语倾向性太强，不似论证，是已然论定）。"积极"是主动的状态，上列诸项，有时是上了贼船，不得不然。既已落水，发表演讲、出访，甚至包括捐款，就都是题中应有之意，有出访之事就一定"积极"，有捐款之事即必有"献媚"之心？恐怕未必。"一失足成千古恨，再回首已是百年身"，自出了门不再继续"苦雨斋"的苦住，后来种种，便已然注定，逢场作戏也得演下去。问题是，周作人是否只当是逢场作戏。以此而论，"从情绪看心境"一节中勾稽的几条日记最让人为知堂不值。一九四三年二月周被解除"督办"

职务,新任伪委员长朱深无起用他之意,得知消息当日日记中记道:"汪翊唐来,述朱三爷意,令长北大,笑谢之。手段仍如髯公,思之不快良久。"及朱深病死,又在二月六日(即得知将被闲置之日)日记补记一条云:"小人做坏事,想不到不得百五十日,此段事日后思之,亦甚可笑也。"宦海沉浮中进入了角色,在官言官,"在其位谋其政",他似乎已分不清是戏是真,角色与本色,让角色把自己绕进去了。

角色有时确会牵着人走。鲁迅对周作人有一评价:"启明颇昏"。周作人丢官后的反应,可为一例。

《对话集》与自我评价

周作人一生,不能说迷雾重重,却也谜团甚多,若"兄弟失和""落水失节"等大关节固是疑案,因为牵涉到鲁迅这样重要的人物,或民族大义,所关系者,也确实大,还有许多问题,也许纯然属于"心史"范畴,与"历史"无涉,被谈论的就少,其实也耐人寻味。对我而言,他在遗嘱中对《路吉阿诺斯对话集》的推许,就是一个谜。遗嘱中特别写道:"余一生文字无足称道,唯暮年所译希腊对话是五十年来的心愿,识者自当知之。""自当知之"的识者似乎却还未曾出现,也许该书不乏知音,但问题还是一样——周作人何以要用这种方式来举荐此对话集。在遗嘱中称许一书,已是比较少见,在遗嘱中以自我否定的方式表示对一书的肯定,更是少见。"无足称道"似乎应视为自谦之辞,因为晚年他还经常翻看旧作,且不无自许自得之意。

致鲍耀明的信中写道:"昨奉问拙作几种是否已有,其中似忘说及《药味集》,此书市上极难得,以为其中颇有可看之小文,如尊处未有即当奉上也。"

（一九六一年五月三十一日）

一九六四年一月日记记云："阅《看云集》，觉所为杂文虽尚有做作，却亦颇佳，垂老自夸，亦可笑也。"

同年九月二十七日日记记云："昨重阅《风雨谈》，对于自作的文章，觉得不无可取，亦可笑也。"

遗嘱定稿日期为一九六五年四月二十六日，当然在上引书信日记之后，然很难想象不到半年的时间里，他的自我评价已经全然不同。但若在遗嘱里还讲客套，未免也太绅士态度了，不懂。

"作文"与"写话"

《周作人自编文集》某集编辑例言中，校编者止庵曾将中国现代散文的发展归为两途，一为"作文"，一为"写话"，周作人当然是"写话"的代表。此"话"不是黄遵宪的"我手写我口"或胡适所谓"怎么想就怎么说，怎么说就怎么写"的"话"。"话"原本脱不了俗，与周作人追求的"雅"乃是相犯的，不论是口语的"话"还是话本的"话"，古人又有语录体，也算是"写话"，但并不是要因话成文。周作人以"写话"来作文，固要经营，有讲究，然他追求文章之雅是大巧若拙的雅，从语言层面讲，不仅可以有语体成分，而且可以其为基包容、节制、调控其他。然周作人"写话"，最根本处当不在语体的选择及如何调制，而在以"话"的精神来谋篇布局，借"话"的自发、随意，破历来文章的格套，其最著者，当然是以韩愈为代表的八大家文以及明清八股文的起承转合，虽则他自己于"写话"中又形成另一套起承转合。他的起承转合实即文无定法，文无定法方合于"话"的精神。借苏东坡的话说就是：

所知者，常行于所当行，常止于不可不止。八大家文及八股文在他看来都是以"载道"为旨归，他的"写话"，当然也就通向"言志"。

文章中的人与日记中的人

"文如其人"一语，常要看如何去解，相对而言，在散文中做这样的推断更容易成立。然而散文也属"作品"，即为"作品"，其必有"作"，人与文之间，还是有距离，即文章营构的作者形象与现实中的人，不能完全吻合。周作人性格有两面性，即所谓"两个鬼"，绅士鬼与流氓鬼。以文章论，前者常寄身于他所说的"随笔"，后者则寄身于多用反语的"杂文"。但两者是统一体，共时性的存在，某篇文章中只显其一面，并不意味另一面已消踪匿迹，何况凭文章（也即"作品"）并不能见其"全人"，有些情况下，他是将"真事隐去"的，并非蓄意造假，是有些不合于"绅士态度"的，他不写。兄弟失和事件中，事情经过，有的，大打出手则绝对不写。晚年与羽太信子关系的恶化令其相当长时间里心绪大坏，当然也只字不提。《知堂回想录》写于一九六〇年底到一九六二年末的两年间，有相当一段，正是二人几近崩溃之时。回想录一九六〇年十二月十日开笔，日记中记云："下午努力写小文，成第二节，备寄香港，有千余字，晚灯下修改了。"同一天日记中即因信子发作而怨道："苦甚矣，殆非死莫得救拔乎？"其后直至羽太信子去世，日记中怨毒之语时见，可以说是"恶声"不断："上午又复不快，殆古人所谓冤孽也，只可以迷信之说解了，说是前世事亦大可怜矣，日日记此亦复可笑……"；"晚又不快，近日几乎无一日安静愉快过日者，如愚恶魔然"；"早是病态，破坏所有感情，不惜破釜沉舟，真恶魔也"（张菊香《周作人年谱》）。而回想录的写作一直在进行，行文一如既往的优雅风趣，岂止是波澜不惊？简直不闻烟火气。于中浮现的知堂形象，与日记中的那个周作人，判然有别。能于恶劣心绪下维持闲适格调，固见其修为，日记中流露的怨毒之意，又证修养并非全能济事。

"安静"

周作人思想的一条线索，是"哀孺子而嘉妇人"。其一生中关系最密切的"妇人"，当然是羽太信子。二人的关系，似在新旧之间：自由恋爱而结合，这是与旧式婚姻不同处，但似亦仅止于此。依然是旧式家庭男主外、女主内的格局，周作人对羽太言听计从、回护体贴，固然有"嘉妇人"的因素，即对女性的尊重，更多却是因于性格的怯懦。日常生活中对羽太百般依赖，绝对不可无，精神世界中则不留半点位置。周在朋友圈中有惧内之名，这里的惧是"秀才遇到兵，有理说不清"的惧，加以羽太患有癔病，自然更要让她三分。故在与羽太关系中，周念的是"忍"字诀，此一"忍"字又获得"哀妇人"的思想支撑，二者交相为用。然在晚年，似到了忍无可忍的地步。周自认是儒家，与鲁迅相反，是讲恕道的，到此时因羽太的病态，似乎也讲不下去了。"下午又复不快，无故生气有似病发，又不得工作矣"；"又复不快，幸本月工作已完成，但苦不能耳根清静，得以自迁，待死耳。"

周作人要的是个人主义的"人间本位"，活得很个人，很自我，不假外求，唯一的要求即是生活的平静舒适，于平静中求"知"。这是他个人生活的底线，任何人不得触犯。关于他与鲁迅的决裂，有一种说法是，他曾对人说，"要天天创造新生活，则只好权其轻重，牺牲与长兄友好，换取家庭安静"。"安静"二字在周作人至为重要，放不下一张平静书桌的生活是万万不能接受的。然国与家,均不能"安静",求"安静"而终不可得,性欤,命欤?

"修养败于天命"

与周作人曾同为北大同事的赵荫棠,曾有一评价:杨丙辰是天生的圣人,周作人是修养的圣人,因为杨有憨气,周,如他的别号所示,是知且智。张中行先生在《再谈苦雨斋并序》中记此言出处时在赵荫棠前面用了"也许"二字。不论版权属谁,此话肯定是有的。中行先生显然深以为然,故在文中排比两串轶事,一证"修养",一证周的谦冲儒雅并非"天命谓之性"。后面的例子举了与鲁迅翻脸,以发《破门声明》的形式逐沈启无于周门四弟子之外。这都是人所共知的。唯有一事,别处似未见提及。说周作人1939年元旦遇刺后到医院检查,结果是只碰破了一点皮,"据说他高兴得跳起来"。中行先生下案语道:"这也是修养败于天命的一例,因为就是生死事大,最好也是不忘形的……周不得天时、地利,是不幸者,就算是昙花一现吧,神总是曾经败在鬼的手下。"周作人爱惜羽毛,最重一己形象,文中甚至对露齿大笑等他以为过度的表情都表示厌恶,而他极难堪的境地下也常能做到不失风度,如被捕时的从容,狱中的安然译书。不过那都是早知要面对的情形,有备而行,修养学识易起作用,遇刺事起仓促,命在一线,本能便现身出来。——"修养败于天命",中行先生此语下得最是沉痛。但不知"据说"何所本,既然与周一向予人的印象相去太远,想来也不会是空穴来风。

周作人看重修养。若照弗洛伊德派的心理分析说,应与早年经历有关。这方面恰有一反面典型,在周作人童年记忆中印象深刻,此人即其祖父介孚公。

某次他因周父未早起敬谨将事而大发雷霆，迁怒于全家人："我还在祖母的大床上睡着，忽然觉得身体震动起来，那眠床咚咚敲得震天价响，只见祖父一身素服，拼命在摇打床呢！他见我已是摇醒了，便转身出去，将右手大拇指的爪甲，放在嘴里咬得戛戛得响，喃喃咒骂着那一般'速死爹'吧。我其时也并不哭，只是似乎惊异得呆了……这种粗暴的行为只卖得小孩们的看不起，觉得不像是祖父的行为。"他在别处还给过祖父将拇指放进嘴里"咬得戛戛得响"的特写，并且表示鄙夷，且将此事描述为一场"风暴"，足见印象至深。顺从的脾性之外，他的温文尔雅与从那时起就决意要抹去祖父大失风度的形象有关也未可知。他在文章中以及私下场合都说起他身上有蛮暴的一面。几十年予人一团和气，从不动怒的形象，真是有修养。可惜，可叹。若果有高兴得跳起来的失态的一幕，不知他想起了如何面对。

知堂与张中行

张中行先生去世，有挽联云"知堂法脉同宿命，杨子歧途叹顺生"。当然是将张老先生视为知堂传人。《负暄琐话》《续话》中两篇文章写知堂，即《苦雨斋一二》《再谈苦雨斋并序》，一话再话，对知堂致意再三，其为人为文确令人想起苦雨斋主人。张老先生中道而行，其悲天悯人的顺生姿态纵非得自苦雨斋，与后者的中庸主义及表同情于"凡人的悲哀"，亦自有相通处。又都重"知"，知堂一再标榜"不打诳语"，张老先生屡次保证"以真面目见人"。苦雨斋是文章大家，张老先生晚年成名也是因为随笔，不谈"写什么"，在"怎么写"上，"知堂法脉"更是历历分明。行文的起承转合，远兜远转，即是一端。知堂圈子兜得更大，也更显雍容蕴藉，相比之下，张老先生则显局促寒酸。

张老先生以怀人文章最为传诵，所谈北大旧人，与《知堂回想录》中之"北大感旧录"多有相合，两相对比，别有意趣。有意思的是，张老先生之取舍标准及"选境"说，亦遥承回想录余绪。

回想录《后序》中说："我写的事实，虽然不用诗化，即改造和修饰，但也有一种选择，并不是凡事实即一律都写的。过去有许多事情，在道德法律上虽然别无问题，然而日后想到，总觉得不很愉快，如有吃到肥皂的感觉，这些便在排除之列，不拟加以记录了。"

《负暄琐话》"尾声"说到取舍，声明"自己认为坏的"不写，这是入选的标准，至于如何传可传之人，则在选境："我有时想，现实中的某些点，甚至某些段，也可以近于艺术的境……与（艺术的）'造境'相比，这类现实的境是'选境'。"

相通处即不改造不修饰而重选择。

又庄周《齐人物论》论张中行，以"其文可测，其心难测"，后四字用于知堂，似更适宜。

小偷阿桂

《苦茶随笔·骨董小记》记家中所藏"骨董"，于架上小玩意之类颇多罗列，大略为便宜货，称"骨董"当然是戏谑笔法。"然亦有较贵者，小偷阿桂携来一镜，背作月宫图，以一元买得，此镜《藤花亭谱》亦著录，定为唐制，但今已失去。"此处所说"阿桂"当即鲁迅笔下阿Q的原型。《鲁迅小说中的人物》中多有记阿桂行状者，"小偷"一节云："阿桂做掮客的时候，和我也有过几回交易，所以我是可以算是和他有点相识的。""交易"的内容是古砖。未言

"镜"事。然"他在掮客之外,其次是兼做小偷",何以古镜排在"偷"而非"掮"的范围内?砖"推究起来要算是阿桂的功绩,不可不予以表扬",镜更当"表扬"才是,却失记,或者在阿桂那里,"掮客"与"小偷",两身份界线颇为模糊。若当时即明知其为"偷",则亦有"窝赃"之嫌。

后　记

　　从写书的角度去说，传记可以简单地分为两类，一类是好写的，一类是难写的。给周作人做传，显然属于后一类。说难写，其因有三。第一，周作人是个极其复杂的人物，以我看，新文学作家中，就意识的复杂，思想的深邃而言，鲁迅之外，就要数他了。这样一个人，要透彻地理解他，实在是难。第二，周作人又是个毁誉参半的人物，他在新文化运动、新文学史上的功绩是明摆着的，其渊博的学识、散文的功夫一直受到世人的推崇。然而他在日伪时期又有过一段极不光彩的经历，对此他至死也没有悔过，即使我们不是给他简单套上一顶"汉奸"的帽子就算数，他人格上的污点也是不能回避的。对这样的人物，评断上要拿捏得准，把握住分寸，做到恰如其分，颇不容易。第三，周作人一生过得基本上是一种平静的书斋生活，读书做文几乎构成了他生活的全部内容，丝毫没有传奇性可言——找不出戏剧性的事件，甚至也没有多少趣闻轶事。这样一位传主的生平，要想写得生动有趣，有可读性，近乎不可能。

　　前两个难题可以合二而一，事实上，如果我们对周作人有了较透彻的了解，评断也就自在其中。这方面因为已经有过几本很不错的周作人传记，作者可以占些便宜。最麻烦的却是第三条——对于一本面向普通读者的书，可读性也许应是第一位的，偏偏传主不给我们提供增加可读性的机会。对此，除了多一些叙述，少一些议论，文字力求平易浅显之外，我实在也想不出什么别的高招。"深入浅出"应是这类书最理想的境界，也是我希望达到的，但一边写着，一边我就在怀疑，我是否既未能"深入"，也没做到"浅出"。因为我总想，对于这样一位复杂的人物，不抵达他内心的某些角落，实在是无从说起的，写了也等于白写，所以不免要对传主思想的起承转合做些交待，可这么做时，又在不住提醒自己，不可卷入太深，纠缠太过，再不抽身退步，读者就要弃书不观了。如此忽"深"忽"浅"，首鼠两端，其结果，很可能是于"深"于"浅"，两皆失之。

尽管如此，我仍希望这本书能够使读者知道周作人这位现代文学史、现代文化思想史上不可或缺的人物，了解他的一生经历，他的荣辱浮沉，他的是非功过。同时，我也希望通过对他思想演变大致轮廓的勾勒，帮助读者理解他何以走过了这样一条曲折的人生路。

1999 年 6 月 2 日于南京西大影壁